LA MORALE

DE

CONFUCIUS.

LA MORALE

DE

CONFUCIUS,

PHILOSOPHE

DE LA CHINE.

Édition de Cazin.

PARIS,
ÉDOUARD LEGRAND, Libraire-Commissionnaire,
quai des Augustins, N.o 59.

FONTENAY-LE-COMTE,
GAUDIN FILS, Libraire-Éditeur, rue Royale, N.o 20.

1844.

AVERTISSEMENT.

L'Ouvrage qu'on donne au Public, et où est contenue, en abrégé, toute la morale de Confucius, philosophe Chinois, est assez petit, si l'on regarde le nombre des pages qui le composent; mais il est fort grand, sans doute, si l'on considère l'importance des choses qui y sont renfermées.

On peut dire que la morale de ce philosophe est infiniment sublime, mais qu'elle est en même temps simple, sensible et puisée dans les plus pures sources de la raison naturelle. Assurément, jamais la raison destituée des lumières de la révélation divine n'a paru si développée, ni avec tant de force. Comme il n'y a aucun devoir dont Confucius ne parle, il n'y en a aucun qu'il outre. Il pousse bien sa morale, mais il ne la pousse pas plus loin qu'il ne faut, son jugement lui faisant connaître toujours jusqu'où il faut aller, et où il faut s'arrêter.

En quoi il a un avantage très-considérable non-

seulement sur un grand nombre d'écrivains du paganisme, qui ont traité de semblables matières, mais aussi sur plusieurs auteurs chrétiens, qui ont tant de pensées fausses, ou trop subtiles; qui outrent les devoirs presque partout; qui s'abandonnent à la fougue de leur imagination, ou à leur mauvaise humeur; qui s'éloignent presque toujours de ce juste milieu où la vertu doit être placée; qui la rendent, par les faux portraits qu'ils en font, impossible à pratiquer, et qui, par conséquent, ne rendent pas beaucoup de gens vertueux.

L'auteur de la Manière de bien penser dans les ouvrages d'esprit, *qui joint toujours à un style extrêmement exact et poli un discernement exquis, remarque fort bien qu'il y a du faux et du faible dans ces paroles d'un écrivain de ce temps; « Chacun tâche d'occuper « le plus de place qu'il peut dans son imagination, et « l'on ne se pousse et ne s'agrandit dans le monde que « pour augmenter l'idée que chacun se forme de soi-« même. Voilà le but de tous les desseins ambitieux des « hommes. Alexandre et César n'ont point eu d'autre « vue dans toutes leurs batailles que celle-là ».*

En effet, Alexandre et César, dans leurs batailles, peuvent n'avoir pas songé à leur image intérieure; et, quand même la pensée dont il s'agit serait vraie en quelque rencontre, elle ne peut l'être dans l'étendue qu'on lui donne. Il n'y a donc rien de si mal pensé que ce que dit celui qui a composé le premier traité des Essais de morale et dont l'on vient de voir les paroles.

Ce que l'auteur de ces Essais ajoute d'abord, et que celui qui a composé les beaux dialogues dont on vient de faire mention n'a pas voulu prendre la peine de relever, est à-peu-près de ce caractère; c'est même quelque chose de pis, on n'a qu'à y faire tant soit peu attention. « Je m'imagine, dit-il, que celui qui s'est « le premier appelé haut et puissant Seigneur *se re- « gardait comme élevé sur la tête de ses vassaux, et que « c'est ce qu'il a voulu dire par cette épithète de* haut, *« si peu convenable à la bassesse des hommes ».*

Que signifie tout ceci? ou plutôt, comment ose-t-on avancer, d'un air sérieux et grave, des choses de cette nature? Qu'entend-on par ces paroles, je m'imagine que celui qui s'est le premier appelé *haut et puissant seigneur* se regardait comme élevé sur la tête de ses vassaux? *Ces paroles ne peuvent avoir que deux sens: l'un est le propre, l'autre le figuré. Le sens propre est que ce seigneur s'imaginait que ses pieds étaient sur la tête de ses vassaux, qu'il marchait sur leur tête effectivement, ou plus haut encore, et que, pour les voir et leur commander, il fallait qu'il regardât en bas. Le sens figuré est que ce seigneur se croyait élevé en autorité sur ses vassaux, et que son rang et son pouvoir étaient beaucoup plus considérables que le leur. Il est visible qu'à moins que ce seigneur n'eût perdu l'esprit, il ne pouvait s'imagener ce que le premier sens signifie : et, pour le second, qui est le figuré, il est très vrai ; ce seigneur avait raison de* se regarder comme élevé sur ses vassaux, *il était en droit de prendre des titres qui marquassent son autorité et sa puissance, et il ne faisait que ce qu'ont fait, de tout temps, ceux que Dieu a établis pour commander aux autres. Dieu lui-même, dans ses écritures, les appelle* dieux, *qui est bien plus que* hauts et puissants seigneurs. *Ainsi ces autres paroles*, cette épithète de *haut* si peu convenable à la bassesse des hommes, *ne sont pas plus sensées que les précédentes.*

Ces endroits qu'on vient de voir ne sont pas les seuls de ce caractère qui se trouvent dans les Essais de morale. Il y en a une infinité d'autres semblables. Et, pour ne pas sortir du premier traité, en conscience ceux-ci sont-ils solides ?

« *Quand les hommes y auraient fait de grands pro-*
« *grès* (l'auteur parle de la science des choses) *ils*
« *ne s'en devraient guère plus estimer, puisque ces*
« *connaissances stériles sont si peu capables de leur*
« *apporter quelque fruit et quelque contentement solide,*
« *qu'on est tout aussi heureux en y renonçant d'abord,*
« *qu'en les portant, par de longs travaux, au plus*
« *haut point où l'on puisse les porter* (1).

« *Nous ne sommes capables de connaître qu'un seul*
« *objet et une seule vérité à la fois. Le reste demeure*
« *enseveli dans notre mémoire comme s'il n'y était point.*
« *Voilà donc notre science réduite à un seul objet* (2).

« *Qui est-ce qui n'est pas convaincu que c'est une*
« *bassesse de se croire digne d'estime, parce qu'on est*
« *bien vêtu, qu'on est bien à cheval, qu'on est juste à*
placer une balle, qu'on marche de bonne grâce (3) ? »

Quoi ! les sciences et les belles découvertes ne rendent-elles pas plus heureux, plus content et plus honnête homme, lorsqu'on en sait faire un bon usage ? Ne sait-on pas même qu'il y a beaucoup de théologiens qui croient qu'une des choses qui feront la félicité des saints dans le ciel sera une grande connaissance d'une infinité de vérités qui nous sont inconnues, ou peu connues sur la terre ? Est-ce que, parce que notre esprit ne peut

(1) *Chap.* 7.
(2) *Chap.* 8.
(3) *Chap.* 14.

bien penser tout-à-la-fois qu'à un seul objet , il s'en suit de-là que tout le savoir d'un habile homme est borné à ce seul objet , qu'il ne sait autre chose ; qu'on peut dire d'un ton de maître : Voilà donc notre science réduite à un seul objet ? *Enfin, est-ce une bassesse à un cavalier , à un homme de cour , de croire qu'il sera plus digne d'estime , s'il fait bien ce qui convient à son rang , si , entre autres choses, il est vêtu proprement , s'il est bien à cheval , s'il marche de bonne grâce ? Et ne serait-il pas effectivement digne de mépris , n'y aurait-il pas de la bassesse , s'il avait des habillemens mal propres , s'il ne prenait nulle peine et nul soin pour être bien à cheval , s'il ne se piquait d'aucune adresse , ou s'il marchait comme un paysan ?*

On peut assurer que , dans cet abrégé de la morale de Confucius on ne trouvera rien de semblable à ce qu'on vient de voir. On verra ici des essais de morale qui sont des coups de maître. Tout y est solide , parce que la droite raison , cette vérité intérieure qui est dans l'âme de tous les hommes , et que notre philosophe consultait sans cesse , sans préjugé , conduisait toutes ses paroles. Aussi les règles qu'il donne , et les devoirs auxquels il exhorte , sont tels , qu'il n'y a personne qui ne se sente d'abord porté à y donner son approbation. Il n'y a rien de faux dans ses raisonnemens , rien d'extrême , nulle de ces subtilités épouvantables qu'on voit dans les traités de morale de la plupart des métaphysi-

ciens d'aujourd'hui (1), *c'est-à-dire dans les traités où la simplicité, la clarté, l'évidence devraient régner partout et se faire sentir aux esprits les plus grossiers.*

On trouvera, peut-être, un peu relâchée cette maxime où Confucius dit qu'il y a certaines personnes qu'il est permis de haïr. Cependant si l'on considère la chose de près, l'on reconnaîtra que la pensée est juste et raisonnable. En effet, la vertu veut que l'on fasse du bien à tous les hommes, comme Confucius le pose; mais elle n'exige pas effectivement de l'amitié pour toutes sortes de gens. Il y a certaines gens si haïssables, qu'il est absolument impossible de les aimer : car, après tout, on ne peut aimer que le bien; on ne peut qu'avoir de l'aversion pour ce qui paraît extrêmement mauvais et plein de défaut. Tout ce que la charité oblige de faire en ces sortes de rencontres, c'est de rendre office à une personne, lorsqu'on le peut, comme si on l'aimait, nonobstant les vices, la malice et les grands défauts qu'on remarque en elle.

Puisque l'occasion s'en présente, on remarquera qu'ordinairement on outre le devoir de l'amour des ennemis, que Jésus-Christ recommande tant dans son Evangile. Ce devoir est assez difficile à remplir dans sa juste étendue, sans qu'on le rende encore plus difficile, ou plutôt impossible à pratiquer, et capable de jeter dans le dé-

(1) Voyez *le traité de morale de l'auteur de la Recherche de la Vérité.*

sespoir, ou de faire tomber dans un entier relâchement. La plupart de ceux qui expliquent ce devoir parlent comme si nous étions obligés d'avoir dans le cœur une amitié tendre pour tous nos ennemis, quelque méchans et abominables qu'ils soient. Ce n'est pourtant point cela précisément que le Fils de Dieu demande de nous, parce qu'il ne demande point des choses absolument impossibles. Son but est de nous porter à agir envers tous nos ennemis, quels qu'ils soient, comme l'on fait envers ceux que l'on aime. En effet, l'Ecriture, en plusieurs endroits, par aimer, *entend précisément* faire du bien, *à-peu-près comme l'on en fait à ceux pour qui l'on a beaucoup d'amitié. Si c'en était ici le lieu, nous pourrions vérifier cela par plusieurs passages. Nous nous contenterons seulement d'alléguer l'exemple de Dieu lui-même, que notre Sauveur propose. Car après avoir dit :* aimez vos ennemis, bénissez ceux qui vous maudissent, faites du bien à ceux qui vous haïssent, et priez pour ceux qui vous courent sus et qui vous persécutent *(car ce sont tout autant de synonymes)*, *il ajoute :* afin que vous soyiez enfans de votre Père qui est aux cieux ; car il fait lever son soleil sur les méchans et sur les bons, et il envoie sa pluie sur les justes et sur les injustes. *Or, il est certain que Dieu n'aime point les méchans et les injustes, quoiqu'il leur fasse du bien : il a eu une extrême aversion pour un Caligula ; par exemple, pour un Néron, et pour d'au-*

tres semblables monstres, quoiqu'il ait fait lever son soleil sur eux, et qu'il leur ait envoyé sa pluie. Mais il a agi envers eux}, comme s'il les aimait ; et c'est de la sorte que nous en devons user envers nos ennemis. Ce n'est pas que nous ne devions faire sincèrement tout ce qui est possible pour avoir même dans le cœur des sentimens d'amitié pour eux : mais il y a certaines gens si méchans, si déréglés, si abominables, pour qui il est impossible d'avoir ces sentimens. Et c'est pour cela que la charité est encore plus grande, plus généreuse et plus digne de louange, lorsque, nonobstant cette aversion qu'on ne peut pas s'empêcher d'avoir pour certaines personnes, l'on ne laisse pas de leur faire du bien dans l'occasion, dans la vue d'obéir à Dieu.

Au reste, par tout ce que nous avons dit jusques ici, on peut juger combien le public est redevable aux pères Intorcetta et Couplet, jésuites qui ont traduit, du chinois en latin, les trois livres de Confucius, dont nous avons tiré cette pièce de morale qu'on voit paraître. Nous avons choisi les choses les plus importantes, et en avons laissé plusieurs qui, quoique bonnes en elles-mêmes, et conformes surtout au génie des personnes pour qui elles ont été dites et écrites, auraient semblé, peut-être, trop vulgaires, et de peu de considération dans notre Europe. Et comme dans l'ouvrage des pères Intorcetta et Couplet, outre la morale de Confucius, il est parlé de l'origine de la nation chinoise et des livres les plus anciens qu'ait cette nation, et qui ont paru plusieurs siècles avant celui de Confucius, nous avons traduit sur ce sujet ce qu'il est le plus nécessaire de savoir.

Il est bon de dire ici, pour la satisfaction des lecteurs, que les Chinois, depuis le commencement de leur origine jusqu'au temps de Confucius, n'ont point été idolâtres, qu'ils n'ont eu ni faux dieux ni statues, qu'ils n'ont adoré que la Créateur de l'univers, qu'ils ont toujours appelé Xam-ti *et auquel leur troisième empereur, nommé* Hoam-ti, *bâtit un temple, qui apparemment a été le premier qu'on ait bâti à Dieu. Le nom de* Xam-ti, *qu'ils donnaient à Dieu. signifie*, souverain maître, *ou* empereur. *On remarque qu'il y a bien eu des empereurs de la Chine, qui ont pris assez souvent le surnom de* Ti, *qui veut dire* maître, empereur, *ou celui de* Yam, *qui signifie roi; qu'il y a eu même un prince de la quatrième race qui s'est fait appeler* Xi-hoam-ti, le grand, *ou* l'auguste empereur; *mais qu'il ne s'en est trouvé aucun qui ait osé prendre le titre de* Xam, *c'est-à dire de* souverain, *et qu'on l'a toujours laissé par respect, à l'Arbitre absolu de l'univers.*

Il est vrai qu'on a, en tout temps dans la Chine, offert des sacrifices à divers anges tutélaires: mais dans les temps qui ont précédé Confucius, c'était dans la vue de les honorer infiniment moins que Xam-ti, *que le souverain Maître du monde.*

Les Chinois servaient Dieu avec beaucoup de magnificence, mais en même temps avec un extérieur fort modeste et fort humble, et ils disaient que tout ce culte extérieur n'était nullement agréable à la divinité, si l'âme n'était intérieurement ornée de piété et de vertu. Ils honoraient fort leurs pères et leurs mères, et les personnes avancées en âge. Les femmes étaient fort vertueuses ; et l'on remarquait une grande modestie dans leurs habits et dans toutes leurs manières. Les hommes et les femmes, les grands et les petits, les rois et les sujets aimaient fort la sobriété, la frugalité, la modération, la justice, la vertu.

La religion et la piété des Chinois demeurèrent à-peu-près en cet état jusques au temps du philosophe Li Lao Kiun, *qui fut contemporain de Confucius, et qui enseigna le premier qu'il y avait plusieurs dieux. Confucius arrêta le torrent de la superstition et de l'idolâtrie, qui commençait à faire du ravage. Mais enfin lorsqu'on eut apporté des Indes l'idole de* Foe, *c'est-à-dire soixante-cinq ans après Jésus-Christ, ce torrent se déborda si fort, qu'il fit un ravage, dont les tristes effets se voient encore aujourd'hui.*

Il aurait été à souhaiter qu'il se fût élevé de temps en temps des Confucius : les choses n'en seraient pas au point où elles sont dans la Chine. Ce grand homme instruisait aussi bien par ses mœurs et par son exemple, que par ses préceptes : et ses préceptes étaient si justes, si nécessaires, et proposés avec tant de gravité, et en même temps avec tant d'adresse, qu'ils ne pouvaient que s'insinuer aisément dans les cœurs, et y produire de grands effets. On n'a qu'à lire ce petit traité pour en être entièrement convaincu.

AVIS.

On a trouvé bon, pour la commodité du public, de joindre à cette lettre la morale de Confucius, nouvellement imprimée à Londres. Il est facile de juger que ces deux pièces ne sont pas de la même main, et que leurs auteurs ne se sont point consultés entre eux : de sorte que, s'ils se sont rencontrés en quelque trait, ce n'est que par hasard. Le livre de Confucius contient tant de belles choses, qu'il en est comme d'un jardin où chacun peut cueillir des fleurs à son gré. Et, si on s'avisait de disputer pour savoir si la rose vaut mieux que l'œillet, on serait peut-être assez embarrassé à décider cette question. On ne doit pas demander d'une lettre tout ce que l'on pourrait attendre d'un livre ; et l'on ne doit pas attendre d'un livre la précision et la briéveté que l'on pourrait demander d'une lettre. Au reste, il serait à souhaiter que l'on pût réunir ici les extraits que l'on a faits de ce philosophe, dans tous les journaux de l'Europe, la lecture n'en serait pas ingrate, et l'on y trouverait assez de diversités pour ne point s'ennuyer.

LA MORALE
DE
CONFUCIUS,
PHILOSOPHE CHINOIS.

****

PREMIÈRE PARTIE.

DE L'ANTIQUITÉ
ET DE LA PHILOSOPHIE DES CHINOIS.

QUOIQUE dans ce petit ouvrage nous n'ayons dessein que de rapporter ce qu'il y a de plus considérable dans les livres de Confucius, nous sommes pourtant obligés de parler de quelques livres qui on paru dans la Chine avant ce philosophe. Mais, comme nous ne saurions le faire sans prendre la chose d'un peu plus haut, nous dirons un mot de l'origine et de l'ancienneté des Chinois.

Ceux qui ont écrit les Annales de la Chine demeurent presque tous d'accord que Fohi, qui commença à régner 2952 ans avant la naissance de Jésus-Christ, a été le fondateur de cette monarchie. Les Chinois, qui ont interprété ces Annales, ne font pas difficulté d'avouer que tout ce qui est dit de la Chine avant le règne de cet empereur, est fabuleux et suspect de mensonge; et l'un de leurs plus célèbres historiens, appelé Taisucum, avoue même qu'il ignore tout ce qui s'est passé avant le règne de Xinnum, qui a été le successeur de Fohi. Il n'y a que certaines Annales que les Chinois appellent *les grandes Annales*, où on lit la chose autrement. L'auteur de cette prodigieuse Chronique, qui contient presque cent cinquante volumes, rapporte qu'après la création du monde, il y eut trois empereurs; l'un du ciel, l'autre de la terre, et le troisième des hommes; que les descendans de ce dernier se succédèrent les uns aux autres pendant plus de quarante-neuf mille ans: après quoi trente-cinq familles impériales régnèrent sans interruption durant plusieurs siècles. Cet auteur ajoute pourtant qu'il ne garantit pas ce qu'il dit, et convient enfin que le plus sûr est de commencer par Fohi et de suivre en cela les historiens les plus célèbres.

Ce n'est pas que dans la vie de Fohi on n'ait inséré une infinité de fables qui pourraient faire douter d'abord si cet empereur a jamais été. Car, outre qu'on lit dans *les grandes Annales*, que la mère de Fohi ayant mis les pieds par hasard dans un endroit où un géant avait passé, elle fut tout-à-coup environnée d'un arc-en-ciel, et que ce fut dans ce moment-là qu'elle se trouva enceinte du fondateur de la monarchie chinoise. On y voit encore que ce fondateur avait la tête d'un homme et le corps d'un serpent. Il est vrai que, comme ces fables sont grossières, la plupart des Chinois s'en moquent. Ils disent que ce qui a donné lieu à cette tradition ridicule a été la couleur du corps de Fohi, qui était marqué de plusieurs taches ; ou plutôt, que ça été un hiérogliphe, par lequel on avait voulu représenter que ce prince avait été un prince d'une prudence extraordinaire. Mais, quand nous n'aurions pas cet aveu, la généalogie de ce roi est si exacte, si circonstanciée et si bien suivie dans les tables chronologiques des Chinois, qu'il n'est pas possible de s'imaginer que ce ne soit là qu'un jeu d'esprit : si bien qu'il y aurait aussi peu de raison de nier, ou de douter même que Fohi ait jamais été, que de soutenir que Saturne, Jupiter, Hercule et Romulus ne sont que des noms; sous ombre que les poëtes, et même les historiens les plus graves, ont mêlé l'histoire de leur naissance de mille fables impertinentes.

Cependant ces mêmes Annales, qui content tant de fables à l'occasion de la naissance de Fohi, ne disent rien de ses prédécesseurs, et ne parlent que fort imparfaitement de sa patrie; ce qui a fait soupçonner d'abord qu'il n'était pas né dans la Chine, et qu'il y était venu d'ailleurs. Elles marquent seulement qu'il naquit dans une province appelée Kensi, où effectivement il devait nécessairement aborder, supposé qu'il soit venu d'ailleurs dans la Chine : car après la confusion des langues et la dispersion des peuples, il dut venir du côté de la Mésopotamie, ou du territoire de Sennaar, aborder à Kensi, et parvenir ensuite au cœur du pays, savoir dans la province de Honan, où l'on trouve écrit qu'il établit sa cour.

Quoiqu'on ne puisse pas savoir précisément en quel temps Fohi jeta les premiers fondemens de son empire, il y a pourtant beaucoup d'apparence que ce ne fut pas long-temps après le déluge. Car en effet, si l'on suit même à la rigueur les supputations des Chinois, et la chronologie des Septante, ce ne fut qu'environ 200 ans après, dans un temps auquel Noé vivait encore. De sorte que nous croirions volontiers qu'il est descendu de ce patriarche par Sem, qui, selon le sentiment de tout le monde, eut l'Asie pour son partage. Et, ce qui achève de nous confirmer dans notre pensée, c'est que, dans la langue des Chinois, Sem, qui signifie engendrer et produire, signifie aussi la vie et une victime. En effet, c'est des enfans de Noé que tous les hommes, après le déluge, sont descendus, ont reçu la vie, et ont appris à offrir des victimes à la divinité. A quoi l'on peut ajouter que Fohi est appelé par les Chinois Pahoi, qui signifie aussi une victime, parce que ce fut le premier des descendans de Sem qui introduisit parmi eux le service de Dieu et l'usage des sacrifices.

Que si l'on ne veut pas s'en tenir aux supputations dont nous venons de parler, retranchons, si l'on veut les six premiers empereurs, dont l'histoire pourrait n'être pas vraie en tout, et commençons à compter seulement depuis le septième siècle, savoir depuis l'empereur Yao; car depuis le règne de cet empereur, tant de gens ont compté et écrit par Cycles tout ce qui s'est passé dans ce royaume, et, ils l'ont fait avec tant d'exactitude, et une si générale uniformité, qu'on ne peut non plus douter de l'exactitude de leur calcul, que de celle des Olympiades des Grecs. Or, on trouvera encore, selon cette supputation, que l'origine de la nation chinoise n'est pas fort éloignée du déluge ; car, depuis le temps d'Yao, jusqu'à l'année de ce siècle 1668, il y a quatre mille quarante-huit ans.

Cela étant ainsi, il faut nécessairement que ceux qui ont commencé à habiter la Chine eussent encore la connaissance du vrai Dieu et de la création du monde : car l'idée du vrai Dieu et le souvenir de la création du monde ont subsisté long-temps après le déluge, dans l'esprit des hommes, même de ceux qui s'étaient le plus corrompus, comme les descendans de Cham, par exemple. En effet, outre qu'il est parlé de la création du monde dans les Annales des Chinois, quoique d'une manière différente de l'histoire qu'en fait Moïse, il n'était pas possible que ces idées du vrai Dieu, que la création du monde et ensuite le déluge ne pouvaient qu'avoir gravées profondément dans leurs cœurs, eussent été tout-à-coup effacées, de telle sorte qu'ils fussent tombés dans l'idolâtrie, et eussent servi d'autres dieux que celui qui les avait créés. Mais, pour être mieux persuadés de tout ce que nous venons de dire, il n'y a qu'à considérer la doctrine, les sentimens des anciens Chinois, les livres de leurs philosophes, et surtout ceux de Confucius, certainement on y verra partout la plus belle morale qui ait été jamais enseignée, une morale qu'on dirait être sortie de l'école de Jésus-Christ.

Les livres que les anciens Chinois ont écrits sont en fort grand nombre; mais les principaux sont ceux qu'on appelle U Kim, c'est-à-dire les Cinq Volumes; et ceux qu'on nomme Su Xu, c'est-à-dire les Quatre Livres.

Le premier et le principal des Cinq Volumes est appelé Xu Kin. Il n'est pas nécessaire de parler fort au long de l'ancienneté de cet ouvrage, il suffit de dire qu'en le lisant on reconnaît que celui qui en est l'auteur a écrit long-temps avant Moïse. On y voit d'abord l'histoire de trois grands rois; savoir, d'Yao, de Yun et d'Yu, le dernier desquels a été le premier et le chef de la famille d'Hia, la plus considérable de toutes les familles impériales; et les deux autres ont été de célèbres législateurs, et comme les Solons de la Chine

On y trouve ensuite les constitutions les plus importantes qui furent faites durant le règne de la seconde famille, ou de la maison impériale appelée Xam et Yn , surtout par Chimtam qui en fut le fondateur , et qui parvint à l'empire 1776 ans avant la venue de Jésus-Christ. Enfin on y parle de la troisième famille; on y rapporte principalement ce qui a été dit, ou ce qui a été fait de remarquable sous le gouvernement des cinq premiers princes et du douzième. On y voit l'histoire de Vuvam, qui fut le chef de cette troisième famille; et les veilles et les enseignemens du célèbre Cheucum , frère de cet empereur qui fut un prince distingué et par sa vertu et par une prudence extraordinaire. Tout ce volume , pour le dire en un mot, n'est qu'une relation historique et qu'un tissu de maximes morales , de harangues prononcées par des princes, de sentences sorties de la bouche des rois et de personnes particulières, de préceptes et de conseils donnés à des princes, où l'on voit éclater partout tant de prudence, tant de politique, tant de sagesse et tant de religion, qu'ils pourraient être donnés à tous les princes chrétiens.

Le second volume, qui est proprement un récit des mœurs et des ordonnances de presque douze règnes, est appelé Xi Kim. C'est un recueil d'odes et de plusieurs autres petits poëmes de cette nature : car, comme la musique est fort estimée et fort en usage dans la Chine, et que tout ce qu'on dit dans ce volume ne regarde que la pureté des mœurs et la pratique de la vertu, ceux qui le composèrent, le composèrent en vers, afin que, chacun pouvant chanter les choses qui y sont contenues, elles fussent dans la bouche de tout le monde. La vertu y est louée et exaltée au suprême degré, et il y a tant de choses dites d'une manière si grave et si sage, qu'on ne se lasse jamais de les admirer. Il est bien vrai qu'il y a des choses ridicules, des hyperboles extravagantes en faveur de certains princes, des murmures contre le ciel et contre Dieu : mais les plus judicieux interprêtes croient que tout cela est suspect ; que ceux à qui on les attribue n'en sont pas les auteurs ; qu'il n'y faut point ajouter foi ; que ce sont des choses qu'on y a ajoutées. En effet, disent-ils, les autres odes anciennes n'ont rien de ridicule, d'extravagant, de criminel, ainsi qu'il paraît par ces paroles de Confucius. « Toute la « doctrine des trois cents poëmes se réduit à ce peu « de paroles, Su vu Sie, *qui signifient* qu'il ne faut « penser rien de méchant ou de sale. »

On appelle le troisième volume, YE KIM. Dans ce volume, qui est le plus ancien de tous, si toutefois il peut être appelé un volume, on ne voit qu'obscurité et que ténèbres. Fohi n'eut pas plus tôt fondé son empire, qu'il voulut donner des instructions aux Chinois; mais, comme il n'avait pas l'usage des caractères et de l'écriture, ce prince qui ne pouvait pas les enseigner tous de vive voix, et qui d'ailleurs était occupé de l'agrandissement de sa monarchie naissante, après avoir rêvé long-temps, s'avisa enfin de faire une table, composée de quelques petites lignes, qu'il n'est pas nécessaire de décrire. Comme les Chinois étaient encore grossiers et rustiques, il y a grande apparence que ce prince travailla en vain : et, s'il est vrai qu'il vint à son but, par les explications claires et aisées qu'il donna lui-même pour l'intelligence de ces lignes, il arriva, au moins insensiblement, que cette table ne fut de nul usage : car il est constant qu'après sa mort, personne ne s'en put servir. Près de deux mille ans s'étaient déjà écoulés depuis la fondation de la monarchie, sans qu'on eût pu déchiffrer en aucune manière cette table mystérieuse, lorsque l'on vit paraître enfin un Œdipe. Ce fut un prince appelé Venvam. Ce prince tâcha de pénétrer le sens de ces lignes, par un grand nombre d'autres lignes qu'il disposa en différentes manières ; ce furent de nouvelles énigmes. Son fils, Cheucum, entreprit la même chose, mais il n'eut pas le bonheur de mieux réussir. Enfin cinq cents ans après s'éleva Confucius, qui voulut tâcher de délier le nœud. Il expliqua, comme il l'entendit, les petites lignes du fondateur et les interprétations qu'on en avait données avant lui, et rapporta tout à la nature des êtres et des élémens, aux mœurs et à la discipline des hommes. Il est vrai que Confucius, étant parvenu à un âge plus avancé, reconnut qu'il s'était mépris, et il désirait même faire de nouveaux commentaires sur cet ouvrage énigmatique ; mais la mort l'empêcha d'exécuter sa résolution.

Confucius a donné pour titre au quatrième volume Chun Cieu, paroles qui signifient *le Printemps et l'Automne.* Il le composa dans sa vieillesse. Il y parle en historien des expéditions de divers princes, de leurs vices, de leurs vertus, des peines qu'ils ont subies, des récompenses qu'ils ont reçues. Confucius a voulu que ce quatrième volume eût pour titre *le Printemps et l'Automne*, qui est un titre emblématique, parce que les états sont florissans lorsque les princes sont doués de vertus et de sagesse ; ce qui est représenté par le *Printemps*; et qu'au contraire, ils tombent comme les feuilles et se détruisent entièrement, lorsque les princes ont peu d'esprit, ou qu'ils sont méchans; ce qui est représenté par l'*Automne*.

Le cinquième volume, dont le titre est LI KI, comme qui dirait *Mémoires des rites et des devoirs*, est composé de deux livres dont Confucius a tiré la matière de plusieurs autres livres et de divers monumens de l'antiquité. Mais, comme environ trois cents ans après toutes les copies de cet ouvrage furent brûlées par le commandement d'un empereur cruel, appelé Kihoamti, et qu'on ne put réparer cette perte qu'en consultant les hommes les plus âgés qui en pouvaient avoir conservé quelques idées, il ne faut pas douter que l'ouvrage ne soit présentement fort défectueux, ainsi que le reconnaissent les interprètes, qu'il n'y manque plusieurs choses, et qu'on n'y en ait ajouté plusieurs autres qui n'étaient point dans les copies de Confucius. Quoi qu'il en soit, dans tout ce volume, tel qu'il est aujourd'hui, il est parlé des rites, tant sacrés que profanes, de toutes sortes de devoirs, tels qu'on les pratiquait au temps des trois familles des princes Hia, Xam, Cheu, mais surtout de celle qui régnait du temps de Confucius. Ces devoirs sont ceux des pères et des mères envers leurs enfans; ceux des enfans envers leurs pères et leurs mères ; les devoirs du mari et de la femme ; ceux des amis, ceux qui regardent l'hospitalité, ceux dont il faut s'acquitter, soit à la porte, ou dans la maison, ou dans les festins. On y parle encore des vaisseaux, des sacrifices, des victimes que l'on doit offrir au ciel, des temples qu'il faut choisir pour cela, de la vénération que l'on doit avoir pour les morts, et de leurs funérailles. Enfin on y traite des arts libéraux, surtout de la musique, de l'art militaire, de la manière de lancer un dard et de conduire un chariot. Voilà en abrégé ce que contiennent les Cinq Volumes.

Les Quatre Livres, dont les trois premiers sont les livres de Confucius, dont nous avons dessein de parler, contiennent toute la philosophie des Chinois, au moins tout ce que cette philosophie a de plus délicat et de plus considérable. Ils expliquent et mettent dans un plus beau jour ce qui est écrit dans les Cinq Volumes : et, quoique l'autorité des Cinq Volumes soit infiniment plus grande, à cause de leur antiquité, que celle des Quatre Livres, les Quatre Livres l'emportent néanmoins par l'utilité qu'on en reçoit. En effet, outre que les Chinois en tirent leurs principaux oracles, et ce qu'ils croient être d'éternelles vérités, les lettrés, qui sont des philosophes qui suivent la doctrine de Confucius, et qui ont entre leurs mains tous les emplois de la nation, ne sauraient parvenir au grade de philosophe, et par conséquent à être mandarins ou magistrats, sans une grande connaissance de ces Quatre Livres. Ils sont bien obligés, à la vérité, de savoir l'un des Cinq Volumes, lequel même ils peuvent choisir, selon leur inclination : mais, pour les Quatre Livres, ils sont indispensablement obligés de les savoir tous quatre par cœur, et de les entendre bien : en voici les principales raisons. La première est que Confucius et Memcius, qui a écrit le quatrième livre, ont recueilli ce qu'il y a de meilleur et de plus exquis dans les ouvrages des anciens. La seconde est qu'ils ont ajouté plusieurs bonnes choses aux découvertes et aux pensées de leurs ancêtres. La troisième, que Confucius et Memcius proposent leur doctrine d'une manière plus nette et plus claire qu'on n'avait fait auparavant. Enfin c'est parce que Confucius et Memcius ont évité dans les Quatre Livres le style rude et grossier des anciens, et que, par un style poli, quoique sans fard et sans faste, ils ont ajouté des ornemens à la simplicité toute nue de l'âge d'or.

Nous n'avons rien à dire du quatrième livre, parce que cet ouvrage de Memcius n'a pas encore paru en Europe: mais, avant que de parler de ceux de Confucius, il est nécessaire de faire connaître le mérite de ce philosophe, et ce qui s'est passé de plus remarquable dans sa vie.

Confucius naquit 551 ans avant la venue de Jésus-Christ. Il était d'une extraction très-noble: car, sans parler de sa mère, qui était d'une naissance illustre, son père qui avait été élevé aux premières charges de l'empire, était descendu du dernier empereur de la seconde famille.

Comme les dispositions à la vertu paraissent quelquefois dans les premières années, Confucius, à l'âge de six ans, n'avait rien d'enfant: toutes ses manières étaient les manières d'un homme mûr.

Dès l'âge de quinze ans il s'attacha à la lecture des anciens, et, ayant choisi ceux qu'on estimait le plus, et qu'il trouva lui-même les meilleurs, il en tira les plus excellentes instructions, dans le dessein d'en profiter lui-même le premier, d'en faire les règles de sa conduite, et de les proposer ensuite aux autres. A l'âge de vingt ans il se maria, et eut un fils nommé Peyn, qui mourut âgé de cinquante ans. Ce fut le seul enfant qu'il eut, mais sa race ne s'éteignit pas pourtant; il lui resta un petit-fils, appelé Cusu, qui ne se rendit pas indigne de ses ancêtres. Cusu s'attacha à la philosophie; il commenta les livres de son aïeul; il fut élevé aux premières charges, et sa maison s'est si bien soutenue, ses descendans ont été toujours si considérables et par leurs dignités et par leur opulence, que cette famille encore aujourd'hui est une des plus illustres familles de la Chine.

Confucius exerça la magistrature en divers lieux, avec beaucoup de succès et avec une grande réputation. Comme il n'avait en vue que l'utilité publique et la propagation de sa doctrine, il ne cherchait point la vaine gloire en ces sortes d'emplois. Aussi, lorsqu'il ne parvenait pas à son but, lorsqu'il remarquait qu'il s'était trompé dans l'espérance qu'il avait conçue de pouvoir répandre plus aisément ses lumières d'un lieu plus élevé, il en descendait, il renonçait à la charge de magistrat.

Ce philosophe eut jusqu'à trois mille disciples, entre lesquels il y en eut cinq cents qui remplirent les charges les plus éminentes en divers royaumes, et soixante-douze d'une vertu et d'un savoir si extraordinaire, que les Annales ont conservé leurs noms, leurs surnoms et les noms même de leur patrie. Il divisa sa doctrine en quatre parties, si bien que l'école de Confucius était composée de quatre ordres de disciples. Ceux du premier ordre s'appliquaient à cultiver la vertu, et à s'en imprimer de fortes habitudes dans l'esprit et dans le cœur. Ceux du second ordre s'attachaient à l'art du raisonnement et à celui de bien parler. Les troisièmes faisaient leur étude de la politique; et le travail et l'occupation des disciples du quatrième ordre étaient d'écrire d'un style poli et exact ce qui regardait la conduite des mœurs. Parmi ces soixante-douze disciples, il y en eut dix qui se distinguèrent, et dont les noms et les écrits sont en grande vénération.

Confucius, dans toute sa doctrine, n'avait pour but que de dissiper les ténèbres de l'esprit, bannir les vices, rétablir cette intégrité qu'il assurait avoir été un présent du Ciel: et, pour parvenir plus facilement à son but, il exhortait tous ceux qui écoutaient ses instructions à obéir au Ciel, à le craindre, à le servir, à aimer son prochain comme soi-même, à se vaincre, à soumettre ses passions à la raison, à ne faire rien, à ne dire rien, à ne penser rien qui lui fût contraire. Et, ce qu'il y avait de plus remarquable, il ne recommandait rien aux autres, ou par écrit, ou de vive voix, qu'il ne pratiquât premièrement lui-même. Aussi ses disciples avaient-ils pour lui une vénération si extraordinaire, qu'ils ne faisaient pas quelquefois difficulté de lui rendre des honneurs qu'on n'avait accoutumé de rendre qu'à ceux qui étaient élevés sur le trône: nous en alléguerons un exemple. C'était une ancienne coutume parmi les Chinois de placer les lits des malades du côté du septentrion: mais, parce que cette situation était la situation des lits des rois, lorsqu'un roi visitait un malade, l'on remettait le lit du côté du midi, et c'eût été une espèce de crime de ne le point faire. Confucius a eu des disciples qui lui ont rendu, dans leurs maladies, un semblable hommage. Nous n'oublierons pas ici une chose fort remarquable que rapportent les Chinois. Ils disent que Confucius avait coutume de dire de temps en temps, « que l'homme saint était dans « l'occident. » Quelle que fût sa pensée, il est certain que, soixante-cinq ans après la naissance de

Jésus-Christ, l'empereur Mimti, poussé par les paroles du philosophe, et plus encore, comme l'on dit, par l'image du saint héros qui lui apparut en songe, envoya deux ambassadeurs dans l'occident, pour y chercher le saint et la sainte loi. Mais ces ambassadeurs ayant abordé à une certaine île qui n'était pas fort éloignée de la mer Rouge, n'ayant pas osé pousser plus loin, ils s'avisèrent de prendre une certaine idole qu'ils y trouvèrent, la statue d'un philosophe appelé Foe Kiao, qui avait paru dans les Indes environ cinq cents avant Confucius, et apportèrent dans la Chine, avec l'idole de Foe, la doctrine qu'il avait enseignée. Que leur ambassade eût été heureuse, si, au lieu de cette doctrine, ils fussent retournés dans leur patrie avec la doctrine salutaire de Jésus-Christ, que Saint-Thomas enseignait pour lors dans les Indes! Mais cette divine lumière n'y devait pas encore être portée. Depuis ce malheureux temps, la plupart des Chinois ont servi les idoles; et la superstition et l'idolâtrie ayant fait tous les jours de nouveaux progrès, ils se sont éloignés peu à peu de la doctrine de leur maître; ils ont négligé les excellentes instructions des anciens; et enfin, étant venus jusqu'à mépriser toute sorte de religion, ils sont tombés dans l'athéisme. Aussi ne pouvaient-ils faire autrement en suivant l'exécrable doctrine de Foe ; car cet imposteur enseignait, « que le principe et « la fin de toutes choses étaient le néant. »

Pour revenir à Confucius, dont la doctrine a été si opposée à celle de Foe et de ses sectateurs, cet illustre philosophe qui était si nécessaire à sa patrie, mourut l'an 73 de son âge. Peu de temps avant la maladie qui le ravit aux Chinois, il déplorait, avec une grande amertume d'esprit, les désordres de son temps ; et il exprimait ses pensées par un vers qui peut être traduit de cette manière: « O grande montagne! (Il entendait sa doc- » trine.) O grande montagne, qu'es-tu devenue? « Cette importante machine a été renversée! Hélas! « il n'y a point de sages, il n'y a plus de saints! » Cette réflexion l'affligea si fort, qu'il en devint tout languissant; et sept jours avant sa mort, se tournant du côté de ses disciples, après avoir témoigné le déplaisir qu'il avait de voir que les rois dont la bonne conduite était si nécessaire et d'une si grande conséquence, n'observaient pas ses instructions et ses maximes, il ajouta douloureusement: « Puisque les choses vont de la sorte, il

« ne me reste plus qu'à mourir. » Il n'eut pas plus tôt proféré ces paroles, qu'il tomba dans une léthargie qui ne finit que par la mort.

Confucius fut enseveli dans sa patrie, dans le royaume de Lu, où il s'était retiré avec ses plus chers disciples. On choisit pour son sépulcre un endroit qui est proche de la ville de Kiofees, au bord du fleuve Su, dans cette même académie où il avait coutume d'enseigner, et que l'on voit encore aujourd'hui toute entourée de murailles, comme une ville considérable.

On ne saurait exprimer l'affliction que causa la mort de ce philosophe à ses disciples. Ils le pleurèrent amèrement; ils prirent des habits lugubres, et furent dans un si grand ennui, qu'ils négligeaient le soin de leur nourriture et de leur vie. Jamais bon père n'a été plus regretté par des enfans bien nés et bien élevés, que Confucius le fut par ses disciples. Ils furent tous dans le deuil et dans les larmes un an entier; il y en eut qui le furent durant trois ans; et même il s'en trouva un qui, pénétré plus vivement que les autres de la perte qu'ils avaient faite, ne bougea de six ans de l'endroit où son maître avait été enseveli.

On voit , dans toutes les villes , des colléges magnifiques qu'on a bâtis en l'honneur de Confucius , avec ces inscriptions et d'autres semblables , écrites en gros caractères d'or : *Au grand maître , à l'illustre Roi des lettrés ; au saint.* Ou , ce qui est la même chose chez les Chinois : *A celui qui a été doué d'une sagesse extraordinaire.* Et quoiqu'il y ait deux mille ans que ce philosophe n'est plus , on a une si grande vénération pour sa mémoire , que les magistrats ne passent jamais devant ses colléges , qu'ils ne fassent arrêter les chaises superbes où ils sont portés par distinction. Ils en descendent , et , après s'être prosternés quelques momens , ils continuent leur chemin en faisant quelques pas à pied. Il n'y a pas même jusques aux rois et aux empereurs qui ne se fassent honneur quelquefois de visiter eux-mêmes ces édifices où sont gravés les titres de ce philosophe , et de le faire même d'une manière éclatante. Voici des paroles fort remarquables de l'empereur Yunlo , qui a été le troisième empereur de la précédente famille appelée Mim. Il les prononça un jour qu'il se disposait à aller à un de ces colléges dont nous avons déjà parlé. « Je vénère le précepteur des rois et des « empereurs. Les empereurs et les rois sont les sei- « gneurs et les maîtres des peuples ; mais Confucius a

« proposé les véritables moyens de conduire ces mêmes « peuples, et d'instruire les siècles à venir. Il est donc « à propos que j'aille au grand collége, et que j'offre « là des présens à ce grand maître qui n'est plus, « afin que je fasse connaître combien j'honore les « lettres, et combien j'estime leur doctrine. » Ces marques extraordinaires de vénération persuadent que la vertu et le mérite de ce philosophe ont été extraordinaires. Et certes, cet excellent homme avait aussi des qualités admirables. Il avait un air grave et modeste tout ensemble : il était fidèle, équitable, gai, civil, doux, affable ; et une certaine sérénité qui paraissait sur son visage lui gagnait les cœurs, et lui attirait le respect de tous ceux qui le regardaient. Il parlait peu et il méditait beaucoup. Il s'appliquait fort à l'étude, sans pourtant fatiguer son esprit. Il méprisait les richesses et les honneurs, lorsque c'étaient des obstacles à ses desseins. Tout son plaisir était d'enseigner et de faire goûter sa doctrine à beaucoup de gens. Il était plus sévère pour soi que pour les autres. Il avait une attention continuelle sur lui-même, et il était un censeur fort rigoureux de sa propre conduite. Il se blâmait de n'être pas assez assidu à enseigner, de ne travailler pas avec assez de vigilance à corriger ses défauts, et de ne s'exercer pas comme il fallait, dans la pratique des vertus. Enfin il avait une vertu qu'on trouve rarement dans les grands hommes, savoir l'humilité : car non-seulement il parlait avec une extrême modestie de soi et de tout ce qui le regardait, mais aussi il disait devant tout le monde, avec une sincérité singulière, qu'il ne cessait point d'apprendre, et que la doctrine qu'il enseignait n'était pas sienne, que c'était la doctrine des anciens. Mais ses livres sont son véritable portrait : nous l'allons faire voir par cet endroit-là.

SECONDE PARTIE.

RECUEIL DES OUVRAGES DE CONFUCIUS.

LIVRE PREMIER.

Le premier livre de Confucius a été mis en lumière par l'un de ses plus célèbres disciples nommé Cemçu, et cet habile disciple y a ajouté de fort beaux commentaires. Ce livre est comme la porte par où il faut passer pour parvenir à la plus sublime sagesse et à la vertu la plus parfaite. Ce philosophe y traite de trois choses considérables : 1° de ce que nous devons faire pour cultiver notre esprit et régler nos mœurs ; 2° de la manière avec laquelle il faut instruire et conduire les autres et enfin du soin que chacun doit avoir de tendre vers le souverain bien, de s'y attacher, de s'y reposer, pour ainsi dire.

Parce que l'auteur a eu dessein, surtout, d'adresser ses enseignemens aux princes et aux magistrats qui peuvent être appelés à la royauté, le livre a pour titre TA-HIO, comme qui dirait la *Grande Science.*

Le grand secret, dit Confucius, pour acquérir la véritable science, la science par conséquent digne des princes et des personnages les plus illustres, c'est de cultiver et polir la raison, qui est un présent que nous avons reçu du ciel. La concupiscence l'a déréglée, il s'y est mêlé plusieurs impuretés. Otez-en donc ces impuretés afin qu'elle reprenne son premier lustre et ait toute sa perfection. C'est là le souverain bien. Ce n'est pas assez; il faut, de plus, qu'un prince, par ses exhortations et par son propre exemple, fasse de son peuple comme un peuple nouveau. Enfin, après être parvenu, par de grands soins, à cette souveraine perfection, à ce souverain bien, il ne faut pas se relâcher; c'est ici que la persévérance est absolument nécessaire.

Comme d'ordinaire les hommes ne suivent pas les voies qui peuvent conduire à la possession du souverain bien, et à une possession constante et éternelle, Confucius a cru qu'il était important de donner là-dessus des instructions.

Il dit qu'après qu'on a connu la fin à laquelle on doit parvenir, il faut se déterminer et tendre sans cesse vers cette fin, en marchant dans les voies qui y conduisent, en confirmant tous les jours dans son cœur la résolution qu'on a formée d'y parvenir, et en la confirmant si bien, qu'il n'y ait rien qui la puisse ébranler tant soit peu.

Quand vous aurez affermi de la sorte votre esprit, dans ce grand dessein, adonnez-vous, ajoute-t-il, à la méditation; raisonnez sur toutes choses en vous-même; tâchez d'en avoir des idées claires; considérez distinctement ce qui se présente à vous; portez-en, sans préjugé, des jugemens solides; pesez tout, examinez tout avec soin. Après un examen et des raisonnemens de cette nature, vous pourrez aisément parvenir au but où il faut que vous vous arrêtiez, à la fin à laquelle vous vous devez tenir attaché, savoir à une parfaite conformité de toutes vos actions avec ce que la raison suggère.

A l'égard des moyens qu'un prince doit employer

pour purifier et polir sa raison, afin que sa raison étant ainsi disposée, il puisse conduire ses états et redresser et polir la raison de ses peuples, le philosophe propose de quelle manière les anciens rois se conduisaient.

Ils tâchaient, dit-il, pour être un jour en état de bien gouverner tout leur empire, de bien conduire un royaume particulier, et de porter ceux qui le composaient à cultiver leur raison, et à agir comme des créatures douées d'intelligence. Pour produire cette réformation dans ce royaume particulier, ils travaillaient à celle de leur famille, afin qu'elle servît de modèle à tous les sujets de ce royaume. Pour réformer leur famille, ils prenaient un soin extraordinaire de polir leur propre personne, et de composer si bien leur extérieur, qu'ils ne dissent rien, qu'ils ne fissent rien qui pût choquer tant soit peu la bienséance, et qui ne fût édifiant, afin qu'ils fussent eux-mêmes une règle et un exemple exposé sans cesse aux yeux de leurs domestiques et de tous leurs courtisans. Pour parvenir à cette perfection extérieure, ils travaillaient à rectifier leur esprit, en réglant et domptant leurs passions, parce que les passions, pour l'ordinaire, éloignent l'esprit de sa droiture naturelle, l'abaissent, et le portent à toutes sortes de vices. Pour rectifier leur esprit, pour régler et dompter leurs passions, ils faisaient en sorte que leur volonté se portât toujours au bien, et ne se tournât jamais vers le mal. Enfin, pour disposer ainsi leur volonté, ils s'étudiaient à éclairer leur entendement, et à l'éclairer si bien, qu'ils n'ignorassent rien, s'il était possible. Car enfin, pour vouloir, pour désirer, pour aimer, pour haïr, il faut connaître; c'est la philosophie de la droite raison.

C'est ce que proposait Confucius aux princes pour leur apprendre à rectifier et polir, premièrement leur raison, et ensuite la raison et la personne de tous leurs sujets. Mais, afin de faire plus d'impression, après être descendu par degrés de la sage conduite de tout l'empire, jusques à la perfection de l'entendement, il remonte, par les mêmes degrés, de l'entendement éclairé jusqu'à l'état heureux de tout l'empire. Si, dit-il, l'entendement d'un prince est bien éclairé, sa volonté ne se portera que vers le bien; sa volonté ne se portant que vers le bien, son âme sera entièrement rectifiée, il n'y aura aucune passion qui lui puisse faire perdre sa rectitude.

L'âme étant ainsi rectifiée, il sera composé dans son extérieur, on ne remarquera rien en sa personne qui puisse choquer la bienséance. Sa personne étant ainsi perfectionnée, sa famille se formant sur ce modèle, se réformera et se polira; sa famille étant parvenue à cette perfection, elle servira d'exemple à tous les sujets du royaume particulier; et ceux qui composent le royaume particulier, à tous ceux qui composent le corps de l'empire. Ainsi, tout l'empire sera bien réglé, l'ordre et la justice y régneront, l'on y jouira d'une paix profonde, ce sera un empire heureux et florissant. Confucius avertit ensuite que ces enseignemens ne regardent pas moins les sujets que les princes; et après, s'adressant précisément aux rois, il leur dit qu'ils doivent s'attacher particulièrement à bien régler leur famille, à en avoir soin, à la réformer. «Car, ajoute-t-il, il n'est « pas possible que celui qui ne sait pas conduire et « réformer sa propre famille, puisse bien conduire « et réformer un peuple.»

Voilà ce qu'il y a de plus important dans la doctrine de Confucius, contenue dans le premier livre, et qui est le texte pour ainsi dire sur lequel Cemcu son commentateur a travaillé.

Ce célèbre disciple, pour expliquer et étendre les enseignemens de son maître, allègue des autorités et des exemples qu'il tire de trois livres fort anciens et fort estimés par les Chinois.

Le premier livre dont il parle, qui est pourtant moins ancien que les autres, a pour titre : *Camcao*, et fait une partie des chroniques de l'empire de *Gheu*. Ce livre a été composé par un prince appelé Vuvam, fils du roi Venvam. Vuvam y fait l'éloge de son père ; mais le principal dessein qu'il a, en exaltant les vertus et les qualités de ce prince, est de former sur ce modèle l'un de ses frères, qu'il veut perfectionner dans la vertu ; et l'on remarque qu'il lui disait ordinairement que leur père avait pu devenir vertueux. Venvam, lui disait-il, *a pu polir sa raison et sa personne.*

Le second livre d'où Cemçu tire ses autorités et ses exemples, est appelé Tai-Kia. Ce livre, qui est beaucoup plus ancien que le premier, a été écrit par un fameux empereur de Xam, appelé Y-Yin. On y lit que cet Y-Yin, voyant que Tai-Kia, petit-fils de l'empereur Chim-Tam, dégénérait de la vertu de ses illustres ancêtres, et se conduisait d'une manière entièrement différente de la leur, il lui ordonna de demeurer trois ans dans un jardin où était le sépulcre de son aïeul ; que cela fit une si grande impression sur son esprit, qu'il changea de conduite, et que le même Y-Yin qui lui avait rendu un si bon office, l'ayant ensuite élevé à l'empire, Tain-Kia le gouverna long-temps heureusement. « Le roi Tam, disait Y-Yin à Tai-Kia, « le roi Tam avait toujours l'esprit occupé à cul-« tiver cette précieuse raison qui nous a été don-« née du ciel. »

Enfin le troisième livre, qui est beaucoup plus ancien que les deux précédens, est appelé Ti-Tien; et l'on y lit encore, à l'occasion du roi Yao, « que ce prince avait pu cultiver cette sublime « vertu, ce grand et sublime don qu'il avait reçu « du ciel, savoir la raison naturelle. »

Il est visible que le disciple de Confucius, par ces autorités, a dessein d'enseigner, ou plutôt suppose que tout le monde croit que nous avons tous reçu du ciel des lumières que la plupart des hommes laissent éteindre par leur négligence, une raison que la plupart des hommes négligent volontairement et laissent corrompre; et que, puisqu'il y a eu des princes qui ont perfectionné ces lumières, qui ont cultivé et poli leur raison, on les doit imiter ; et que l'on peut aussi bien qu'eux, par ses soins, atteindre à une perfection semblable.

Il ne faut pas oublier ici une chose remarquable que rapporte Cemçu, touchant un bassin dans lequel le roi Tam avait coutume de se laver. Il dit qu'on y voyait gravées ces belles paroles: « Lave-« toi, renouvelle-toi continuellement. Renouvelle-toi « chaque jour; renouvelle-toi de jour en jour. » Et que c'était pour faire entendre au roi que, si un prince qui gouverne les autres, a contracté des vices et des souillures, il doit travailler à s'en nétoyer, et à mettre son cœur dans son premier état de pureté. Au reste, ça été une ancienne coutume parmi les Chinois, de graver ou de peindre sur leurs vases domestiques des sentences morales, et de fortes exhortations à la vertu; en sorte que, lorsqu'ils se lavaient, ou qu'ils prenaient leurs repas là, ils avaient toujours devant les yeux ces sentences et ces exhortations. Cette coutume ancienne s'est même conservée jusqu'à présent. Il y a seulement cette différence, dit celui qui a publié les ouvrages de Confucius, qu'au lieu qu'autrefois l'on gravait, ou l'on peignait les caractères au-dedans du vaisseau, au milieu de la face intérieure, aujourd'hui, le plus souvent, les Chinois les font graver ou peindre en dehors, « se contentant, dans ce « siècle-ci, de l'apparence extérieure de la vertu. »

Après que Cemçu a parlé des deux premières parties de la doctrine de son maître, dont l'une regarde ce qu'un prince doit faire pour sa propre perfection, et l'autre ce qu'il est obligé de faire pour la perfection et le bonheur des autres, il passe à la troisième et dernière partie, où il est parlé de la dernière fin que chacun doit se proposer comme le souverain bien, et dans laquelle il doit s'arrêter. On se souviendra que, par la dernière fin et le souverain bien, Confucius entend, comme nous l'avons déjà fait remarquer, une entière conformité de nos actions avec la droite raison.

Il allègue après cela l'exemple de Venvam, dont nous avons déjà parlé : et certes la conduite de ce prince a été si sensée et si bien réglée, qu'on ne peut apprendre sans admiration, que, par les seules lumières de la nature, il ait eu les idées qu'il a eues, et qu'il soit parvenu à une vertu si sublime que celle à laquelle il est parvenu. On ne sera pas fâché d'en voir ici quelque chose.

Venvam, dit le cummentateur, avait reconnu que l'amour que les princes ont pour leurs sujets ne fait que contribuer beaucoup à les bien conduire et à les rendre heureux: et, dans cette vue, il faisait son affaire principale de cet amour qu'il tâchait de perfectionner sans cesse. Voici de quelle manière il s'y était pris. Parce que la principale vertu d'un sujet est d'honorer et respecter son roi, Venvam, étant encore sujet, se fixait à cet honneur et à ce respect; et il se faisait un si grand plaisir de ces sortes d'obligations, qu'il les remplit toujours avec beaucoup de fidélité. Comme la première et la plus importante vertu des enfans à l'égard de leurs pères est l'obéissance, Vanvam, dans la relation de fils, se fixait à cette obéissance; et il s'acquitta, sans relâche, de ce devoir avec une piété extraordinaire. La principale vertu d'un père, ajoute le disciple de Confucius, est un amour tendre pour ses enfans: aussi Venvam, comme père, se fixait à cet amour, dont il donna toujours des marques fort éclatantes, non par une faible et criminelle indulgence, mais par les soins continuels qu'il prit de les corriger et de les instruire. Enfin la bonne foi est une vertu absolument nécessaire à ceux qui vivent en société: aussi Venvam, parlant et agissant avec les sujets de son royaume, se fixait à cette vertu: et il y fut toujours si fort attaché, qu'il ne lui arriva jamais de rien promettre qu'il n'effectuât avec une promptitude et une exactitude inconcevables.

Ce prince, dit Cemçu, était né d'un père et d'une mère qui étaient des personnes fort vertueuses, et qui avaient pris grand soin de son éducation, surtout Taicin sa mère, qui avait été un modèle de vertu: mais il avait lui-même si bien cultivé cette éducation; qu'il se rendit un prince accompli, et s'acquit tant de réputation et une estime si générale, même chez les nations étrangères, que quarante-quatre royaumes s'étaient volontairement soumis à son empire. Cependant, ajoute-t-il, ce grand éclat dont il était environné, ne fut jamais capable de l'éblouir: il était d'une humilité et d'une modestie sans exemple; il s'accusait même sévèrement de n'être pas assez vertueux; car, un jour qu'il était malade, la terre ayant été secouée par de prodigieux tremblemens, il ne chercha la cause de cette calamité et de la colère du ciel que dans ses propres péchés, quoiqu'il fût d'une vertu consommée.

Ce qui a le plus paru dans les actions de Venvam, est une charité extraordinaire ; nous n'en alléguerons qu'un exemple. On lit dans les Annales de la Chine, que ce prince ayant rencontré à la campagne les ossemens d'un honmme à qui l'on avait refusé les honneurs de la sépulture, il commanda d'abord qu'ils fussent ensevelis ; et, comme quelqu'un de ceux qui étaient autour de lui dit qu'on ignorait qui était le maître du défunt, et que, par cette raison, il ne fallait pas s'en mettre en peine, fondé peut-être sur quelque coutume du pays : « Quoi ! répondit le roi, celui qui tient les « rênes de l'empire n'est-il pas le maître de l'empire ? « Celui qui règne n'est-il pas le maitre du royaume ? « Je suis donc le maître et le seigneur du défunt ; « ainsi, pourquoi lui refuserais-je ces derniers devoirs « de piété ? » Mais ce n'est pas tout ; il n'eut pas plus tôt proféré ces paroles, que, se dépouillant de son vêtement royal, il commanda que l'on s'en servît pour envelopper ces ossemens, et qu'on les ensevelît selon les manières et la coutume du pays ; ce que ses courtisans ayant vu avec admiration, ils s'écrièrent :

« Si la piété de notre prince est si grande envers des « ossemens tout secs, combien grande ne sera-t-elle « pas envers des hommes qui jouissent de la vie! » Ils firent quelques autres réflexions de cette nature.

La charité de Venvam avait proprement pour objet toutes sortes de personnes, mais particulièrement les personnes avancées en âge, les veuves, les orphelins et les pauvres, qu'il protégeait et nourrissait comme s'ils eussent été ses propres enfans. On croit que ses charitables actions ont été la cause principale du rétablissement d'une pieuse coutume des premiers empereurs, et d'une loi qu'on observe encore aujourd'hui dans toute la Chine. Cette loi porte que dans chaque ville, même dans les plus petites, l'on entretiendra, aux dépens du public, cent pauvres personnes âgées.

Mais Venvam ne se contenta pas d'avoir donné, durant le cours de sa vie, des instructions et des exemples de vertu; lorsqu'il se sentit proche de la mort, ne se fiant pas assez sur la force de ses instructions précédentes et de ses exemples, et sachant que les dernières paroles des mourans font une grande impression, il donna encore à son fils Vuvam ces trois avertissemens : « 1. Lorsque vous verrez faire « quelque action vertueuse, ne soyez point paresseux « à la pratiquer. 2. Lorsque l'occasion de faire une « chose raisonnable se présentera, profitez-en sans « hésiter. 3. Ne cessez point de travailler à détruire « et à extirper les vices. Ces trois avertissemens que « je vous donne, mon fils, ajouta-t-il, contiennent « tout ce qui peut produire une probité exacte et « une conduite droite. »

Voilà sans doute un exemple qui fait sentir que, dans le temps que ce roi vivait, les Chinois avaient des sentimens fort raisonnables, et que la vertu était leur passion pour ainsi dire ; car enfin les peuples, pour l'ordinaire, se conforment aux sentimens et aux mœurs de leurs rois.

Regis ad exemplum, totus componitur orbis.

Il n'y a rien pourtant qui donne une plus grande idée de la vertu des anciens Chinois, que ce qu'ils ont dit et pratiqué à l'égard des procès. Ils enseignaient qu'il ne fallait intenter des procès à personne ; que les fraudes, les aigreurs et les inimitiés, qui sont les suites ordinaires des procès, étaient indignes des hommes ; que tout le monde devait vivre dans l'union et dans la concorde ; et que pour cela il fallait que chacun fît tous ses efforts , ou pour empêcher les procès de naître , ou pour les étouffer dans leur naissance , en accordant les parties , et leur inspirant l'amour de la paix , c'est-à-dire en les engageant à renouveler et polir leur raison : ce sont les paroles de Cemçu.

Mais ce qu'il y a de plus remarquable sur ce sujet , ce sont les précautions extraordinaires que les juges prenaient , lorsque quelque cause était portée devant leurs tribunaux. Ils examinaient, avec toute l'attention dont ils pouvaient être capables , tout l'extérieur de celui qui suscitait le procès , afin que par ce moyen ils pussent connaître si cet homme était poussé par de bons motifs , s'il croyait sa cause bonne , s'il agissait sincèrement ; et il y avait cinq règles pour cela. Par la première règle , ils examinaient l'arrangement de ses termes et sa manière de parler , et et cela s'appelait Cutin , c'est-à-dire l'observation des paroles. Par la seconde règle , ils considéraient l'air de son visage et le mouvement de ses lèvres ; et cela s'appelait Setim , c'est-à-dire l'observation du visage. Par la troisième , ils prenaient garde à la manière dont il respirait lorsqu'il proposait sa cause; cette règle s'appelait Kitim, c'est-à-dire l'observation de la respiration. Par la quatrième, ils remarquaient s'il avait la répartie prompte; s'il ne donnait pas des réponses embarrassées, malaisées, incertaines, ou s'il parlait d'autre chose que de ce dont il était question; si ces paroles n'étaient pas ambigües, et cela s'appelait Ulhtim, c'est-à-dire l'observation des réponses. Enfin, par la cinquième règle, les juges devaient considérer avec soin les regards, prendre bien garde s'il n'y avait point de trouble, d'égarement, de confusion, s'il n'y paraissait pas quelque indice de mensonge et de fraude; et cette dernière règle était appelée Motim, c'est-à-dire l'observation des yeux.

C'était par ces marques extérieures que cet ancien aréopage découvrait les sentimens les plus cachés du cœur, rendait une justice exacte, détournait une infinité de gens des procès et des fraudes, et leur inspirait l'amour de l'équité et de la concorde. Mais aujourd'hui on ignore ces règles dans la Chine, ou du moins elles y sont négligées entièrement.

Pour revenir à la doctrine de Confucius, éclaircie par les commentaires de Cemçu, ce disciple fait fort valoir une maxime qu'il avait entendu dire fort souvent à son maître, et qu'il inculquait aussi fort lui-même. La voici : « Conduisez-vous toujours avec la même « précaution et la même retenue que vous auriez si « vous étiez observé par des yeux et que vous fus- « siez montré par des mains. »

Pour rendre la vertu plus recommandable encore, et en inspirer avec plus de facilité les sentimens, le même disciple fait comprendre que ce qui est honnête et utile étant aimable, nous sommes obligés à aimer la vertu, parce qu'elle renferme ces deux qualités ; que d'ailleurs la vertu est un ornement qui embellit pour ainsi dire toute la personne de celui qui la possède, son intérieur et son extérieur ; qu'elle communique à l'esprit des beautés, des perfections qu'on ne saurait assez estimer ; qu'à l'égard du corps, elle y produit des agrémens fort sensibles ; qu'elle donne une certaine physionomie, certains traits, certaines manières qui plaisent infiniment ; et que, comme c'est le propre de la vertu de mettre le calme dans le cœur et d'y entretenir la paix, aussi ce calme intérieur et cette joie secrète produisent une certaine sérénité sur le visage, une certaine joie, et un certain air de bonté, de douceur et de raison qui attire le cœur et l'estime de tout le monde. Après quoi il conclut que la principale occupation d'un homme est de rectifier son esprit, et de si bien régler son cœur, que ses passions soient toujours dans le calme; et, s'il arrive qu'elles viennent à être excitées, il n'en soit pas plus ému qu'il ne faut : en un mot, qu'il les règles selon la droite raison; car, par exemple, ajoute-t-il, si nous nous laissons emporter à une colère démesurée, c'est-à-dire si nous nous mettons en colère, lorsque nous n'en avons point de sujet, ou plus que nous ne devons lorsque nous en avons quelque sujet, l'on doit conclure de là que notre esprit n'a point la rectitude qu'il devrait avoir. Si nous méprisons et haïssons mortellement une personne à cause de certains défauts que nous remarquons en elle, et que nous ne rendions pas justice à ses bonnes qualités, si elle en a; si nous nous laissons troubler par une trop grande crainte, si nous nous abandonnons à une joie immodérée, ou à une tristesse excessive, on ne peut pas dire non plus que notre esprit soit dans l'état où il devrait être, qu'il ait sa rectitude et sa droiture.

Cemçu pousse encore plus loin cette morale, et lui donne une perfection qu'on n'aurait, ce semble jamais attendue de ceux qui n'ont point été honorés de la révélation divine. Il dit que non seulement il faut garder de la modération en général toutes les fois que nos passions sont excitées, mais qu'aussi à l'égard de celles qui sont les plus légitimes, les plus innocentes et les plus louables, nous ne devons point nous y abandonner aveuglément et suivre toujours leurs mouvemens ; qu'il faut consulter la raison. Par exemple, les parens sont obligés de s'aimer les uns les autres. Cependant, comme leur amitié peut être trop faible, elle peut être aussi trop forte : et, à l'un et à l'autre égard, il y a sans doute du déréglement. Il est juste d'aimer son père : mais si un père a quelque défaut considérable, s'il a commis quelque grande faute, il est du devoir d'un fils de l'en avertir et de lui dire ce qui peut lui être utile, en gardant toujours un certain respect dont il ne doit jamais se départir. De même, si un fils est tombé dans quelque péché, il est du devoir d'un père de le censurer et de lui donner là-dessus ses instructions. Que si l'amour est aveugle, que si leur amour est une pure passion, si c'est la chair et le sang qui les font agir, cet amour est un amour déréglé. Pourquoi ? parce qu'il se détourne de la règle de la droite raison.

Nous ferions grand tort au lecteur si nous ne parlions pas de l'empereur Yao, dont on voit tant d'éloges dans l'ouvrage qui a fourni la matière du nôtre. Jamais homme n'a pratiqué avec plus d'exactitude que lui tous ses devoirs qui viennent d'être proposés par le disciple de Confucius. On peut dire, si son portrait n'est point flatté, qu'il avait un naturel fait pour la vertu. Il avait le cœur tendre, mais magnanime et bien réglé. Il aimait ceux qu'il était obligé d'aimer, mais c'était sans la moindre faiblesse, réglait, en un mot, son amour et toutes ses passions par la droite raison.

Ce prince parvint à l'empire, 2357 ans avant Jésus-Christ ; il régna cent ans : mais il régna avec tant de prudence, avec tant de sagesse et avec tant de démonstrations de douceur et de bonté pour ses sujets, qu'ils étaient les plus heureux peuples de la terre.

Yao avait toutes les excellentes qualités qu'on peut désirer dans un prince. Les richesses ne lui donnaient aucun orgueil. Son extraction qui était si noble et si illustre ne lui inspirait aucun sentiment de fierté. Il était honnête, sincère, doux, sans nulle affectation. Son palais, sa table, ses habillemens, ses meubles faisaient voir la plus grande modération qu'on ait jamais vue. Il aimait la musique, mais c'était une musique grave et pieuse, il ne détestait rien tant que ces chansons où l'honnêteté et la pudeur sont blessées. Ce n'était point une humeur bizarre qui lui faisait haïr ces sortes de chansons, c'était le désir qu'il avait de se rendre, en toutes choses, agréable au ciel. Ce n'était point non plus l'avarice qui produisait en lui cette modération qu'il gardait dans sa table, dans ses habillemens, dans ses meubles et dans tout le reste, c'était uniquement l'amour qu'il avait pour ceux qui étaient dans l'indigence ; car il ne pensait qu'à les soulager. C'est aussi sa grande piété et cette charité ardente dont il brûlait, qui lui faisaient souvent proférer ces paroles admirables : « La faim de « mon peuple est ma propre faim ; le péché de mon « peuple est mon propre péché. »

L'an 72 de son règne, il élut pour collègue Xun, qui gouverna l'empire avec lui vingt-huit ans. Mais ce qu'il y eut de plus remarquable, et qui mérite les louanges et les applaudissemens de tous les siècles, c'est que, quoiqu'il eût un fils, il déclara qu'il voulait que Xun, en qui il voyait beaucoup de vertu, une probité exacte et une conduite judicieuse, fut son unique successeur. Et, comme on lui rapporta que son fils se plaignait de ce que son père l'avait exclus de la succession à l'empire, il fit cette réponse, qui seule peut être la matière d'un beau panégyrique, et rendre sa mémoire immortelle : « J'aime mieux que mon fils « seul soit mal et que tout mon peuple soit bien, « que si mon fils seul était bien et que tout mon « peuple fût mal. »

Comme le principal but de Confucius, ainsi que nous l'avons déjà dit, a été de proposer sa doctrine aux rois, et de la leur persuader, parce qu'il a cru que, s'il pouvait leur inspirer des sentimens de vertu, leurs sujets deviendraient vertueux à leur exemple Cemçu, expliquant cette doctrine, s'étend fort sur les devoirs des rois.

Il s'attache principalement à trois choses : 1°. A faire voir qu'il est très important que les rois se conduisent bien dans leur famille et dans leur cour, parce que l'on ne manque point d'imiter leurs manières et leurs actions. 2°. A leur persuader la nécessité qu'il y a en général d'acquérir l'habitude de la vertu, et d'en remplir les devoirs, en tous lieux et à toutes sortes d'égards. 3°. A les engager à ne pas appauvrir le peuple, mais à faire tout pour son bien et pour sa commodité.

A l'égard du premier article, il se sert de plusieurs pensées que le livre des odes lui fournit. Mais voici, en deux mots, ce qu'il dit de plus considérable. Si, dit-il, un roi, comme père, témoigne de l'amour à ses enfans; si, comme fils, il est obéissant à son père; si, en qualité d'aîné, il a de la bienveillance pour ses cadets, et vit en paix avec eux; si, comme cadet, il a du respect et des égards pour son aîné; s'il traite avec douceur ceux qui sont à son service; s'il est charitable, surtout envers les veuves et les orphelins; si, dis-je, un roi s'acquitte exactement de tout cela, son peuple l'imitera, et l'on verra par tout son royaume tout le monde pratiquer la vertu. Les pères et les mères aimeront leurs enfans avec tendresse, et leur donneront une bonne éducation. Les enfans honoreront leurs pères et leurs mères, et leur obéiront exactement. Les aînés agiront avec bonté envers leurs cadets; et les cadets auront de la considération et des égards pour leurs aînés, ou pour les autres personnes pour lesquelles la bienséance veut qu'ils aient du respect, comme, par exemple, pour les personnes avancées en âge. Enfin, ceux qui auront du bien, feront subsister quelques veuves, quelques orphelins, quelques personnes infirmes : car il n'y a rien qui fasse plus d'impression sur les esprits des peuples que les exemples de leurs rois.

A l'égard du second article où Cemçu exhorte en général à pratiquer la vertu, il allègue pour principe cette maxime, à laquelle Jésus-Christ lui-même semble rapporter toute sa morale : « Faites à autrui ce que « vous voudriez qu'on vous fît, et ne faites pas à « autrui ce que vous ne voudriez pas qui vous fût « fait. »

Parmi ceux au milieu desquels vous vivez, dit le disciple de Confucius, il y en a qui sont au-dessus de vous, il y en a d'autres qui vous sont inférieurs, d'autres qui vous sont égaux ; il y en a qui vous ont précédé, il y en a qui doivent être vos successeurs : vous en avez à votre main droite, vous en avez à votre main gauche. Faites réflexion que ces hommes-là ont les mêmes passions que vous, et que ce que vous souhaitez qu'ils vous fassent, ou qu'ils ne vous fassent point, ils souhaitent que vous le leur fassiez, ou que vous ne le leur fassiez point. Ce que vous haïssez donc dans vos supérieurs, ce que vous blâmez en eux, gardez-vous bien de le pratiquer à l'égard de vos inférieurs, et ce que vous haïssez et blâmez dans vos inférieurs, ne le pratiquez point à l'égard de vos supérieurs. Ce qui vous déplaît dans vos prédécesseurs, évitez-le, pour n'en donner pas l'exemple vous-même à ceux qui viendront après vous. Et, s'il arrivait que vous vinssiez à leur donner un tel exemple, vous devriez souhaiter qu'ils ne le suivissent point : aussi vous-même ne suivez point les mauvais exemples de ceux qui vous ont précédé. Enfin, ce que vous blâmez dans ceux qui sont à votre main droite, ne le pratiquez point à l'égard de ceux qui sont à votre main gauche ; et ce que vous blâmez à l'égard de ceux qui sont à votre main gauche, gardez-vous de le pratiquer à l'égard de ceux qui sont à votre main droite. Voilà, conclut Cemçu, de quelle manière nous devons mesurer et régler toutes nos actions ; et si un prince en use de la sorte, il arrivera que tous ses sujets ne feront qu'un cœur et qu'une âme, et qu'il devra être appelé plutôt leur père que leur seigneur et leur maître. Ce sera le moyen d'attirer les bénédictions et les faveurs du ciel, de n'avoir rien à craindre, et de mener une vie douce et tranquille; car, enfin la vertu est la base et le fondement d'un empire, et la source d'où découle tout ce qui peut le rendre florissant. C'est dans cette vue qu'un ambassadeur du royaume de Cu fit cette belle réponse à un grand du royaume de Cin, qui lui demandait si dans le royaume de son maître il y avait de grandes richesses et des pierres précieuses. « Il n'y a rien qu'on estime précieux dans le royaume « de Cu, que la vertu. » Un roi de Ci, fit à-peu-près la même réponse. Ce prince venait de traiter alliance avec le roi de Guei, et le roi de Guei lui ayant demandé si dans son royaume il y avait des pierres précieuses, il répondit qu'il n'y en avait point. Quoi ! répartit ce roi tout surpris, est-il possible que, quoique mon royaume soit plus petit que le vôtre, il s'y trouve pourtant une escarboucle, dont l'éclat est si grand, qu'il peut éclairer autant d'espace qu'il en faut pour douze chariots ; et que dans votre royaume, qui est beaucoup plus vaste que le mien, il n'y ait point de ces pierres précieuses ! « J'ai « quatre ministres, répliqua le roi de Ci, qui gou-« vernent avec une grande prudence les provinces « que je leur ai confiées. Voilà mes pierres précieuses, « elles peuvent éclairer mille stades. » Ce ne sont pas les hommes seuls dans la Chine qui ont estimé la vertu, il y a eu des femmes qui l'ont regardée comme d'un prix bien infini et préférable à tous les trésors. Une illustre reine, appelée Kiam, qui régnait 200 ans avant Confucius, retira son mari du libertinage et de la débauche par une action qui mérite d'être immortalisée. Comme elle voyait que ce prince assistait continuellement à des repas de débauche, et qu'il s'abandonnait à toute sorte de voluptés, elle arracha un jour ses pendans d'oreille et toutes les pierreries qu'elle portait, et, en cet état, elle alla trouver le roi, et lui dit ces paroles avec une émotion touchante : « Seigneur, est-il possible que la débauche « et la luxure vous plaisent si fort ? Vous méprisez « la vertu, mais je l'estime infiniment plus que les « pierres précieuses ». Elle s'étendit ensuite sur ce sujet, et l'action et le discours de cette princesse le touchèrent si fort, qu'il renonça à ses désordres, et s'adonna tout entier à la vertu et au soin de son royaume, qu'il gouverna encore treize ans avec l'applaudissement de tout le monde.

Enfin, à l'égard du dernier article, Cemçu représente aux rois qu'ils ne doivent point fouler le peuple, ni par leurs impôts, ni autrement ; que, pour n'être pas obligés d'en venir là, il est nécessaire de choisir des ministres capables, fidèles, vertueux, et par conséquent d'éloigner du maniement des affaires ceux qui en sont indignes, et qui, par leur cruauté et leur avarice, ne peuvent que porter un très grand préjudice à l'état. Il leur fait comprendre qu'ils doivent diminuer, autant qu'il est possible, le nombre des ministres et de tous ceux qui vivent aux dépens du public; tâcher de porter tout le monde au travail ; et faire ensorte que ceux qui gouvernent et dispensent les finances, le fassent avec toute la modération possible. Les princes, ajoute-t-il, ne doivent chercher que les intérêts de leurs peuples : pour être aimés et servis fidèlement, ils doivent persuader à leurs sujets, par leur conduite, qu'ils ne pensent qu'à les rendre heureux ; ce qu'ils ne leur persuaderont jamais, s'ils n'ont à cœur que leurs intérêts particuliers, s'ils les foulent et les appauvrissent.

LIVRE SECOND.

Ce second livre de Confucius a été mis en lumière par Cusu, son petit-fils. Il y est parlé de diverses choses, mais surtout de cette belle médiocrité qu'il faut garder en toutes choses avec constance, entre le trop et le trop peu. Aussi ce livre a-t-il pour titre : CHUMIUM, c'est-à-dire, *milieu perpétuel*, milieu gardé constamment.

Confucius enseigne d'abord que tous les hommes doivent aimer cette médiocrité, qu'ils la doivent rechercher avec un soin extrême. Il dit que l'homme parfait tient toujours un juste milieu, quoiqu'il entreprenne ; mais que le méchant s'en éloigne toujours, qu'il en fait trop, ou qu'il n'en fait pas assez. Lorsque la droite raison venue du ciel, ajoute-t-il, a montré une fois à un homme sage le milieu qu'il doit tenir, il y conforme ensuite toutes ses actions en tout temps, aussi bien dans l'adversité que dans la prospérité ; il veille continuellement sur lui-même, sur les pensées, sur les mouvemens les plus cachés de son cœur, afin de se régler toujours sur ce juste milieu, qu'il ne veut jamais perdre de vue : mais les méchans n'étant retenus ni par la crainte, ni par la pudeur, ni par l'amour de la vertu, leurs passions déréglées les portent toujours dans les extrémités.

Ce philosophe ne peut assez admirer cette heureuse médiocrité ; il la regarde comme la chose du monde la plus relevée, comme la chose du monde la plus digne de l'amour et de l'occupation des esprits les plus sublimes, comme le seul chemin de la vertu ; et il se plaint de ce que, de tout temps, il y a eu si peu de personnes qui l'aient gardée ; il en recherche même la cause. Il dit que pour le regard des sages du siècle, ils la négligent et n'en font point de cas, parce qu'ils s'imaginent qu'elle est au-dessous de leurs grands desseins, de leurs projets ambitieux ; et que, pour les personnes grossières, elles n'y parviennent que difficilement, ou parce qu'ils ne la connaissent point, ou parce que la difficulté qu'il y a à y parvenir les étonne et les dé-décourage ; et tout cela, ajoute Confucius arrive faute d'examen : car, si l'on examinait avec exactitude ce qui est bon en soi, l'on reconnaîtrait que toutes les extrémités sont nuisibles, et qu'il n'y a que le milieu qui soit toujours bon et utile.

Il allègue sur tout ceci l'exemple de l'empereur

Xun. Que la prudence de l'empereur Xun a été grande, s'écrie-t-il ! il ne se contentait pas, dans l'administration des affaires de l'état de son seul examen, de son jugement particulier, de sa prudence, il se servait encore des conseils du moindre de ses sujets. Il demandait même conseil sur les moindres choses, et il se faisait un devoir et un plaisir d'examiner les réponses qu'on lui donnait, quelque communes qu'elles parussent. Lorqu'on lui proposait quelque chose, et qu'après un mûr examen il s'était convaincu que ce qu'on lui proposait n'était pas conforme à la droite raison, il n'y acquiesçait point, mais il représentait avec un cœur ouvert ce qu'il y avait de mauvais dans le conseil qu'on lui donnait. Par ce moyen, il faisait que ses sujets prenaient de la confiance en lui, et qu'ils s'accoutumaient à lui donner de temps en temps des avertissemens avec liberté. Pour les conseils bons et judicieux, il les suivait, il les louait, il les exaltait ; et, par-là, chacun était encouragé à lui déclarer ses sentimens avec plaisir. Que, si parmi les conseils qu'on lui donnait il s'en trouvait qui fussent entièrement opposés les uns aux autres, il les examinait attentivement; et, après les avoir examinés, il prenait toujours un milieu, surtout lorsqu'il s'agissait de l'intérêt public.

Confucius déplore ici la fausse prudence des gens de son temps. En effet, elle avait fort dégénéré de la prudence des anciens rois. Il n'y a dit-il, à présent personne qui ne dise : J'ai de la prudence, je sais ce qu'il faut faire, et ce qu'il ne faut point faire. Mais parce qu'aujourd'hui on n'a devant les yeux que son profit et sa commodité particulière, il arrive qu'on ne pense point aux maux qui en peuvent provenir, aux périls auxquels ce gain et ce profit exposent, et que l'on ne s'aperçoit point du précipice. Il y en a qui connaissent parfaitement la nature et le prix de la médiocrité, qui la choisissent pour leur règle, et qui y conforment leurs actions ; mais qui ensuite, venant à se laisser surmonter par la paresse, n'ont pas la force de persister. Que sert à ces sortes de gens la connaissance et les résolutions qu'ils ont formées ? Hélas ! il n'en était pas de même de mon disciple Hoeî : il avait un discernement exquis, il remarquait toutes les différences qui se trouvent dans les choses, il choisissait toujours un milieu, il ne l'abandonnait jamais.

Au reste, ajoute Confucius, ce n'est pas une chose fort facile à acquérir que ce milieu que je recommande tant. Hélas ! il n'y a rien de si difficile ; c'est une affaire qui demande de grands soins et de grands travaux. Vous trouverez des hommes qui sont capables de gouverner heureusement les royaumes de la terre. Vous en verrez qui auront assez de magnanimité pour refuser les dignités et les avantages les plus considérables : Il y en aura même qui auront assez de courage pour marcher sur des épées toutes nues ; mais que vous en trouverez peu qui soient capables de tenir un juste milieu ! Qu'il faut d'adresse, qu'il faut de travail, qu'il faut de courage, qu'il faut de vertu pour y parvenir !

Ce fut à l'occasion de cette morale, qu'un de ses disciples, qui était d'une humeur guerrière et fort ambitieuse, lui demanda en quoi consistait la valeur, et ce qu'il fallait faire pour mériter le nom de vaillant. Entendez-vous parler, répondit Confucius, de la valeur de ceux qui sont dans le midi, ou de la valeur de ceux qui sont dans le septentrion, ou bien de la valeur de mes disciples, qui s'attachent à l'étude de la sagesse ? Agir avec douceur dans l'éducation des enfans et des disciples, avoir de l'indulgence pour eux, supporter patiemment leurs désobéissances et leurs défauts, voilà en quoi consiste la valeur des habitans du midi. Par cette valeur, ils surmontent leur tempérament violent, et soumettent à la droite raison leurs passions, qui sont ordinairement violentes. Coucher sans crainte dans un camp, reposer tranquillement au milieu du terrible appareil d'une armée, voir devant ses yeux mille morts sans s'effrayer, ne s'ennuyer point même de cette sorte de vie, s'en faire un plaisir, voilà ce que j'appelle la valeur des hommes du septentrion. Mais comme d'ordinaire il y a en tout cela beaucoup de témérité, et que le plus souvent on ne s'y règle guères, sur ce milieu que tout le monde devrait rechercher, ce n'est point cette sorte de valeur que je demande de mes disciples. Voici quel doit être leur caractère :

Un homme parfait (car enfin il n'y a que les hommes parfaits qui puissent avoir une véritable valeur), un homme parfait, doit toujours être occupé à se vaincre lui-même ; il doit s'accommoder aux mœurs et à l'esprit des autres. Mais, comme il doit toujours être maître de son cœur et de ses actions, il ne doit jamais se laisser corrompre par la conversation ou les exemples des hommes lâches et efféminés, il ne doit jamais obéir, qu'il n'ait examiné auparavant ce qu'on lui commande ; il ne doit jamais imiter les autres sans discernemet.¶ Au milieu de tant d'insensés et de tant d'aveugles qui marchent à travers champs, il doit marcher droit et ne pencher vers aucun parti, c'est la véritable valeur. De plus, si ce même homme est appelé à la magistrature dans un royaume où la vertu est considérée, et qu'il ne change point de mœurs, quelque grands que soient les honneurs auxquels il est élevé, s'il y conserve toutes les bonnes habitudes qu'il avait lorsqu'il n'était que particulier, s'il ne se laisse pas emporter à la vanité et à l'orgueil, cet homme-là est véritablement vaillant. « Ah! que « cette valeur est grande! » Que si, au contraire, il est dans un royaume où la vertu et les lois sont méprisées, et que dans la confusion et le désordre qui y règnent, il soit lui-même pressé de la pauvreté, affligé, réduit même à perdre la vie, mais que cependant, au milieu de tant de misères, il demeure ferme, il conserve toute l'innocence de ses mœurs et ne change jamais de sentimens. « Ah! que cette va- « leur est grande et illustre! » Au lieu donc de la valeur des pays méridionaux, ou de celle du septentrion, je demande, et j'attends de vous, mes chers disciples, une valeur de la nature de celle dont je viens de parler.

Voici quelque chose que dit Confucius qui n'est

pas moins remarquable. Il y a, dit-il, des gens qui passent les bornes de la médiocrité, en affectant d'avoir des vertus extraordinaires. Ils veulent que dans leurs actions il y aït toujours du merveilleux, afin que la postérité les loue et les exalte. Certes, pour moi, je ne m'entêterai jamais de ces actions éclatantes où la vanité et l'amour-propre ont toujours plus de part que la vertu. Je ne veux savoir et pratiquer que ce qu'il est à propos de savoir et de pratiquer partout.

Il y a quatre règles, sur lesquelles l'homme parfait se doit conformer : 1.° il doit pratiquer lui-même à l'égard de son père, ce qu'il exige de son fils; 2.° il doit faire paraître dans le service de son prince la même fidélité qu'il demande de ceux qui lui sont soumis; 3.° il doit agir à l'égard de son aîné de la même manière qu'il veut que son cadet agisse à son égard; 4.° enfin, il en doit user envers ses amis comme il souhaite que ses amis en usent envers lui. L'homme parfait s'acquitte continuellement de ses devoirs, quelque communs qu'ils paraissent. S'il vient à s'apercevoir qu'il ait manqué en quelque chose, il n'est point en repos qu'il n'ait réparé sa faute. S'il reconnaît qu'il n'a pas rempli quelque devoir considérable, il n'y a point de violence qu'il ne se fasse pour le remplir parfaitement. Il est modéré et retenu dans ses discours, il ne parle qu'avec circonspection; s'il lui vient une grande affluence de paroles, il ne l'ose pas étaler, il s'arrête: en un mot, il est à lui-même un si rigoureux censeur, qu'il n'est point en repos que ses paroles ne répondent à ses actions, et ses actions à ses paroles. Or, le moyen, s'écrie-t-il, qu'un homme qui est parvenu à cette perfection n'ait une vertu solide et constante!

Cusu ajoute ici à la doctrine de son maître une morale digne de la méditation de ceux qui désirent se perfectionner. L'homme parfait, dit ce digne disciple d'un si grand philosophe, l'homme parfait se conduit selon son état présent, et ne souhaite rien au-delà. S'il se trouve au milieu des richesses, il agit comme un homme riche; mais il ne s'adonne pas aux voluptés illicites, il évite le luxe, il n'a nul orgueil, il ne choque personne. S'il est dans un état pauvre et méprisable, il agit comme doit agir un homme pauvre et méprisé, mais il ne fait rien d'indigne d'un homme grave et d'un homme de bien. S'il est éloigné de son pays, il se conduit comme un étranger se doit conduire; mais il est toujours semblable à lui-même. S'il est dans l'affliction et dans les souffrances, il ne brave pas fièrement son destin, mais il a de la fermeté et du courage, rien ne saurait ébranler sa constance. S'il est élevé aux dignités, il tient son rang, mais il ne traite jamais avec sévérité ses inférieurs ; et, s'il se voit au-dessous des autres, il est humble, il ne sort jamais du respect qu'il doit à ses supérieurs, mais il n'achète jamais leur faveur par des lâchetés et des flatteries. Il emploie tous ses soins à se perfectionner lui-même, et n'exige rien des autres avec sévérité : c'est pour cela qu'il ne témoigne du mécontentement ni de l'indignation à personne. S'il élève les yeux vers le ciel, ce n'est point pour se plaindre de ce qu'il ne lui envoie pas la prospérité, ou murmurer de ce qu'il l'afflige ; s'il regarde en bas vers la terre, ce n'est point pour faire des reproches aux hommes et leur attribuer la cause de ses malheurs et de ses nécessités ; c'est pour témoigner son humilité, c'est pour dire qu'il est toujours content de son état, qu'il ne désire rien au-delà, et qu'il attend, avec soumission et un esprit toujours égal, tout ce que le ciel ordonnera de lui. Aussi jouit-il, d'une certaine tranquillité qui ne saurait être bien comparée qu'au sommet de ces montagnes qui sont plus élevées que la région où se forment les foudres et les tempêtes.

Dans la suite de ce livre, il est parlé du respect profond que les anciens Chinois et surtout les rois et les empereurs avaient pour leurs pères et pour leurs mères, et de l'obéissance exacte qu' ils leur rendaient. Si un roi, disait-il, a du respect pour son père et sa mère, et leur obéit, certainement il tâchera de porter ses sujets à suivre son exemple : car, enfin, un homme qui aime la vertu désire que tous les autres l'aiment aussi, surtout s'il est de son intérêt qu'ils soient vertueux. Or, il importe fort à un roi que ses sujets aiment la vertu et la pratiquent. En effet, comment pourrait-il espérer d'être obéi de ses sujets, s'il refusait lui-même d'obéir à ceux qui lui ont donné le jour? Après tout, si un prince souhaite de porter ses sujets à être obéissans à leurs pères et à leurs mères, il doit user envers eux de bienveillance, et les traiter avec cette tendresse qu'ont les pères pour leurs enfans; car on imite volontiers ceux que l'on aime et dont l'on croit être aimé. Que si ce prince par cette conduite, porte ses sujets à obéir à leurs pères et à leurs mères, et ensuite à lui obéir à lui-même, comme à leur père commun, à plus forte raison obéiront-ils au ciel, d'où viennent les couronnes et les empires ; au ciel, qui est le père souverain de tous les hommes. Et qu'arrivera-t-il de cette obéissance ? Il arrivera que le ciel répandra ses bénédictions sur ceux qui s'en seront si bien acquittés. Il récompensera abondamment une si belle vertu, il fera régner partout la paix et la concorde : si bien que le roi et ses sujets ne sembleront qu'une seule famille, où les sujets obéissant à leur roi comme à leur père, et le roi aimant ses sujets comme ses enfans, ils mèneront tous, comme dans une seule maison, mais une maison riche, magnifique, réglée et commode, la vie la plus heureuse et la plus douce que l'on puisse imaginer.

Pour retourner à Confucius, comme il savait que les exemples des rois font une grande impression sur les esprits, il propose encore celui de l'empereur Xun, à l'égard de l'obéissance que les enfans doivent à leurs pères et à leurs mères. « Oh ! que l'obéissance de cet empereur a été grande ! » s'écrie Confucius. Aussi, continue-t-il, s'il a obtenu du ciel la couronne impériale, c'est la récompense de cette vertu. C'est cette vertu qui lui a procuré tant de revenus, ces richesses immenses et ces grands royaumes qui n'ont pour bornes que l'Océan. C'est cette vertu qui a rendu par tout le monde son nom si célèbre. Enfin je ne doute point que cette longue et douce vie dont il a joui ne doive être regardée comme une récompense de cette vertu. A entendre parler ce philosophe, ne dirait-on pas qu'il avait lu le Décalogue, et qu'il savait la promesse que Dieu y a faite à ceux qui honorent leurs pères et leurs mères? Mais si, par ce que vient de dire Confucius, il semble que le Décalogue ne lui fût pas inconnu, il semblera bien mieux qu'il connaissait les maximes de l'Evangile, lorsqu'on aura vu ce qu'il enseigne touchant la charité, qu'il dit qu'il faut avoir pour tous les hommes.

Cet amour, dit-il, qu'il faut avoir pour les hommes du monde, n'est point quelque chose d'étranger à l'homme, c'est l'homme lui-même, ou si vous voulez, c'est une propriété naturelle de l'homme, qui lui dicte qu'il doit aimer généralement tous les hommes. Cependant, aimer par-dessus tous les hommes son père et sa mère, c'est son premier et principal devoir, de la pratique duquel il va ensuite, comme par degrés, à la pratique de cet amour universel, qui a pour objet tout le genre humain. C'est de cet amour universel que vient la justice distributive, cette justice qui fait qu'on rend à chacun ce qui lui appartient, et que surtout on chérit et honore les hommes sages et d'une probité exacte, et qu'on les élève aux charges et aux dignités de l'état. Cette différence, qui est entre l'amour qu'on a pour son père et pour sa mère, et celui que nous avons pour les autres; entre l'amour qu'on a pour les hommes vertueux et habiles, et celui qu'on a pour les hommes qui n'ont pas tant de vertu ni d'habileté; cette différence, dis-je, est comme une harmonie, comme une symétrie de devoirs que la raison du ciel a gardée, et à laquelle il ne faut rien changer.

Confucius propose cinq régles pour la conduite de la vie, qu'il appelle règles universelles. La première regarde la justice qui doit être pratiquée entre un roi et ses sujets. La seconde regarde l'amour qui doit être entre un père et ses enfans. La troisième recommande la foi conjugale aux maris et aux femmes. La quatrième concerne la subordination qui se doit trouver entre les aînés et les cadets. La cinquième oblige les amis à vivre dans la concorde, dans une grande union, et à se rendre office réciproquement. Voilà, ajoute-t-il, les cinq règles générales que tout le monde doit observer : voilà comme cinq chemins publics, par lesquels les hommes doivent passer. Mais après tout, on ne peut observer ces règles si l'on n'a ces trois vertus : *la prudence*, qui fait discerner ce qui est bon d'avec ce qui est mauvais ; *l'amour universel*, qui fait que l'on aime tous les hommes ; et *cette fermeté*, qui fait persévérer constamment dans l'attachement au bien, et dans l'aversion pour le mal. Mais de peur que quelques personnes timides ou peu éclairées dans la morale ne s'imaginassent qu'il leur serait impossible d'acquérir ces trois vertus, il assure qu'il n'y a personne qui ne les puisse acquérir, que l'impuissance de l'homme n'est que volontaire. Quelque grossier que soit un homme, qund même, dit-il, il serait sans nulle expérience, si pourtant il désire d'apprendre, et qu'il ne se lasse point dans l'étude de la vertu, il n'est pas fort éloigné de la prudence. Si un homme, quoique tout plein encore de son amour-propre, tâche de faire de bonnes actions, le voilà déjà tout près de cet amour universel, qui engage à faire du bien à tous les hommes. Enfin, si un homme sent une secrète honte lorsqu'il entend parler des choses sales et injustes; s'il ne peut s'empêcher d'en rougir, le voilà fort près de cette fermeté d'âme, qui fait rechercher avec constance le bien et avoir de l'aversion pour le mal.

Après que le philosophe chinois a parlé de ces cinq règles universelles, il en propose neuf particulières pour les rois; parce qu'il regarde leur conduite comme une source publique de bonheur ou de malheur. Les voici : 1.° Un roi doit travailler sans cesse à orner sa personne de toutes sortes de vertus. 2.° Il doit honorer et chérir les hommes sages et vertueux. 3.° Il doit respecter et aimer ceux qui lui ont donné la naissance. 4.° Il doit honorer et estimer ceux de ses ministres qui se distinguent par leur habileté, et ceux qui exercent les principales charges de la magistrature. 5.° Il doit s'accommoder, autant qu'il est possible, aux sentimens et à la volonté des autres ministres, et de ceux qui ont des emplois un peu moins considérables, il les doit regarder comme ses membres. 6.° Il doit aimer son peuple, même le petit peuple comme ses enfans propres et prendre part aux divers sujets de joie ou de tristesse qu'il peut avoir. 7.° Il doit tâcher de faire venir dans son royaume plusieurs habiles ouvriers de toutes sortes d'arts, pour l'avantage et la commodité de ses sujets. 8.º Il doit recevoir avec bonté et civilité les étrangers et les voyageurs, et les protéger exactement. 9.º Enfin, il doit aimer tendrement les princes et les grands de son empire, et avoir si fort à cœur leurs intérêts, qu'ils l'aiment et lui soient toujours fidèles.

Pour bien entendre la morale de Confucius, il est nécessaire de dire ici un mot de la distinction qu'il établit entre le saint et le sage. Il attribue à l'un et à l'autre en commun certaines choses, mais aussi il donne au saint des avantages et des qualités qu'il dit que le sage n'a point. Il dit que la raison et que l'innocence ont été également communiquées au sage et au saint, et même à tous les autres hommes; mais que le saint ne s'est jamais détourné tant soit peu de la droite raison, et qu'il a conservé constamment son intégrité; au lieu que le sage ne l'a pas toujours conservée, n'ayant pas toujours suivi la lumière de la droite raison, à cause des divers obstacles qu'il a rencontrés dans la pratique de la vertu, et surtout à cause de ses passions, dont il s'est rendu l'esclave; de sorte qu'il est nécessaire qu'il fasse de grands efforts, qu'il emploie de grands travaux et de grands soins pour mettre son cœur dans un bon état, et se conduire selon les lumières de la droite raison et les règles de la vertu.

Cusu, raisonnant là-dessus pour faire encore mieux entendre la doctrine de son maître, compare ceux qui ont perdu leur première intégrité et qui désirent la recouvrer, à ces arbres tout secs et presque morts, qui ne laissent pas pourtant d'avoir dans le tronc et dans les racines un certain suc, un certain principe de vie, qui fait qu'ils poussent des rejetons. Si, dit-il, on a soin de ces arbres, si on les cultive, si on les arrose, si on en retranche tout ce qui est inutile, il arrivera que ces arbres reprendront leur premier état. De même, quoique l'on ait perdu sa première intégrité et son innocence, l'on n'a qu'à exciter ce qui reste de bon, qu'à prendre de la peine, qu'à travailler, et infailliblement l'on parviendra à la plus haute vertu. Ce dernier état, dit Cusu, cet état du sage s'appelle Gintao, c'est-à-dire « le chemin et la raison de l'homme, » ou bien le chemin qui conduit à l'origine de la première perfection. Et l'état du saint s'appelle Tientao, c'est-à-dire « la raison du ciel, » ou la première règle que le ciel a donnée également à tous les hommes, et que les saints ont toujours observée, sans s'en détourner ni à droite ni à gauche.

Comme les règles contiennent en abrégé les principaux devoirs, et qu'on peut les retenir aisément, Confucius en donne cinq à ceux qui veulent choisir le bien, et s'y attacher. 1.o Il faut tâcher de connaître d'une manière exacte et étendue les causes, les propriétés et les différences de toutes choses. 2.o Parce que parmi les choses que l'on connaît, il y en peut avoir que l'on ne connaît pas parfaitement, il les faut examiner avec soin, les considérer en détail et dans toutes leurs circonstances, et enfin consulter les hommes sages, intelligens et expérimentés. 3.o Quoiqu'il semble que nous concevions clairement certaines choses, néanmoins, parce qu'il est aisé de pécher par précipitation dans le trop ou dans le trop peu, il est nécessaire de méditer ensuite en particulier sur les choses que l'on croit connaître, et de peser chaque chose au poids de la raison, avec toute l'attention d'esprit dont on est capable, avec la dernière exactitude. 4.o Il faut tâcher de ne concevoir pas les choses d'une manière confuse, il faut en avoir des idées claires, en sorte que l'on puisse discerner sûrement le bien d'avec le mal, le vrai d'avec le faux. 5.o Enfin, après qu'on aura observé toutes ces choses, il en faut venir à l'action, agir sincèrement et constamment, et exécuter de toutes ses forces les bonnes résolutions que l'on aura prises.

Nous ne saurions mieux finir ce livre que par ces belles paroles de Cusu : Prenez garde, dit-il, comment vous agissez lorsque vous êtes seul. Quoique vous vous trouviez dans l'endroit le plus reculé et le plus caché de votre maison, vous ne devez rien faire dont vous pussiez avoir honte si vous étiez en compagnie et en public. Voulez-vous, continue-t-il, que je vous dise de quelle manière se conduit celui qui a acquis quelque perfection ? Il a une attention continuelle sur lui-même ; il n'entreprend rien, il ne commence rien, il ne prononce aucune parole, qu'il n'ait auparavant médité. Avant qu'il ne s'élève aucun mouvement dans son cœur, il s'observe avec soin, il réfléchit sur tout, il examine tout, il est dans une continuelle vigilance. Avant que de parler, il est convaincu que ce qu'il va dire est vrai et raisonnable ; et il croit qu'il ne saurait retirer un plus doux fruit de sa vigilance et de son examen, que de s'accoutumer à se conduire avec circonspection et avec retenue dans les choses même qui ne sont vues ni sues de personne.

LIVRE TROISIÈME.

Le troisième livre de Confucius est de tout autre caractère que les deux précédens pour le tour et les expressions; mais dans le fond il contient la même morale. C'est un tissu de plusieurs sentences prononcées en divers temps et en divers lieux par Confucius lui-même et par ses disciples. Aussi est-il intitulé : « Lùn « yù , c'est-à-dire Entretien de plusieurs personnes « qui raisonnent et qui philosophent ensemble ».

On y voit d'abord un disciple de ce célèbre philosophe, qui déclare qu'il ne se passe point de jour qu'il ne se rende compte lui-même de ces trois choses. 1.° S'il n'a point entrepris quelque affaire pour autrui, et s'il l'a conduite et poursuivie avec la même fidélité et avec la même ardeur que si c'eût été son affaire propre. 2.° Si lorsqu'il a été avec ses amis , il leur a parlé avec sincérité ; s'il ne s'est point contenté de leur faire paraître quelque vaine apparence de bienveillance et d'estime.

3.o S'il n'a point médité la doctrine de son maître, et si, après l'avoir méditée, il n'a pas fait, pour la mettre en pratique, tous les efforts dont il est capable.

Confucius y paraît ensuite donnant des leçons à ses disciples. Il leur dit que le sage doit être si occupé de sa vertu, que, lors même qu'il est dans sa maison, il n'y doit pas chercher ses commodités et ses délices; que, quand il entreprend quelque affaire, il doit être diligent et exact, prudent et avisé dans ses paroles; et que, quoiqu'il ait toutes ses qualités, il doit être pourtant celui à qui il doit se fier le moins, celui à qui il doit le moins plaire: qu'en un mot, le sage se défiant toujours de soi-même, doit consulter toujours ceux dont la vertu et la sagesse lui sont connues, et régler sa conduite et ses actions, sur leurs conseils et sur leurs exemples.

Que pensez-vous d'un homme pauvre, lui dit un de ses disciples, qui, pouvant soulager sa pauvreté par la flatterie, refuse de prendre ce parti, et soutient hardiment qu'il n'y a que les lâches qui flattent? Que pensez-vous d'un homme riche, qui, tout riche qu'il est, n'a pas d'orgueil? Je dis, répond Confucius, qu'ils sont tous deux dignes de louange, mais qu'il ne faut pas pourtant les regarder comme s'ils étaient parvenus au plus haut degré de la vertu. Celui qui est pauvre doit être joyeux et content au milieu de son indigence : voilà en quoi consiste la vertu du pauvre ; et celui qui est riche doit faire du bien à tout le monde. Celui, continue-t-il, qui a le cœur bas et mal fait ne fait du bien qu'à certaines personnes ; certaines passions, certaines amitiés particulières le font agir ; son amitié est intéressée ; il ne sème ses biens que dans la vue d'en recueillir plus qu'il n'en sème ; il ne cherche que son propre intérêt. Mais l'amour de l'homme parfait est un amour universel, un amour qui a pour objet tous les hommes. Un soldat du royaume de *Ci*, lui disait-on un jour, perdit son bouclier ; et, l'ayant cherché long-temps inutilement, il se consola enfin par cette réflexion de la perte qu'il avait faite : « Un soldat a perdu « son bouclier, mais un soldat de notre camp l'aura « trouvé ; il s'en servira. » Il aurait mieux parlé, dit alors Confucius, s'il eût dit : « Un homme a « perdu son bouclier, mais un homme le trouvera » ; voulant donner à entendre qu'il fallait avoir de l'affection pour tous les hommes du monde.

Confucius avait l'âme tendre, comme on en peut

juger par ce que nous venons de dire; mais il l'avait grande et élevée. Les anciens Chinois enseignaient qu'il y avait deux génies dans leurs maisons : l'un appelé Ngao, et l'autre Cao. Le premier était regardé comme le dieu tutélaire de toute la famille, et le dernier n'était que le dieu du foyer. Cependant, le dernier de ces génies fut fort inférieur au premier, on lui rendait de plus grands honneurs qu'à celui qui avait sous sa protection toutes les affaires domestiques; et il y avait même un proverbe qui disait, « qu'il « valait mieux chercher la protection de Cao que celle « de Ngao ». Comme cette préférence avait quelque chose de fort singulier, et qu'elle semblait même choquer en quelque manière ceux qui étaient élevés aux grandeurs dans les cours des princes, Confucius étant dans le royaume de Guei, et se rencontrant un jour avec un préfet, qui avait une grande autorité dans ce royaume, ce ministre, enflé de l'éclat de sa fortune, ayant cru que le philosophe avait dessein d'obtenir quelque faveur du roi, lui demanda, par manière de raillerie, ce que signifiait ce proverbe qui était dans la bouche de tout le peuple : «Il vaut mieux « rechercher la protection de Cao que celle de Ngao ». Confucius, qui vit bien d'abord que le préfet lui voulait faire comprendre par cette question qu'il devait s'adresser à lui, s'il voulait obtenir ce qu'il désirait du roi son maître, et qui en même temps fit cette réflexion, que, pour gagner les bonnes grâces du favori d'un prince, il faut encenser jusqu'à ses défauts, et s'abaisser à des complaisances indignes d'un philosophe, lui dit, sans détour, qu'il était entièrement éloigné des maximes du siècle; qu'il ne s'adresserait point à lui, de quelque adresse qu'il se fût servi pour lui faire connaître qu'il le devait faire; et, pour l'avertir en même temps', que, quand il répondrait à sa question de la manière qu'il le pourrait souhaiter, il n'en pourrait tirer aucun avantage, il lui dit : « Que celui qui avait péché contre le ciel « ne s'adressait qu'au ciel: car, ajouta-t-il, à qui se « pourrait-il adresser pour obtenir le pardon de son « crime, puisqu'il n'y a aucune divinité qui soit au-« dessus du ciel ? »

Confucius ne recommande rien tant à ses disciples que la douceur et la débonnaireté, fondé toujours sur cette maxime, que l'on doit aimer tous les hommes. Et, pour leur faire mieux sentir la vérité de ce qu'il leur dit, il leur parle de deux illustres princes, qui s'étaient fait distinguer par cet endroit-là dans le royaume de Cucho. Ces princes, leur dit-il, étaient si doux et si débonnaires, qu'ils oubliaient, sans se faire effort, les injures les plus atroces, et les crimes pour lesquels ils avaient le plus d'horreur, lorsque ceux qui les avaient commis donnaient quelque marque de repentance. Ils regardaient ces criminels tout dignes des derniers supplices qu'ils étaient, de la même manière que s'ils eussent toujours été innocens. Ils n'oubliaient pas seulement leurs fautes, mais, par leur procédé, ils faisaient que ceux qui les avaient commises pouvaient les oublier eux-mêmes en qulque façon, et perdre une partie de la honte qui demeure après les grandes chûtes, et qui ne peut que décourager dans le chemin [de la vertu.

Comme l'un des grands desseins de ce philosophe était de former les princes à la vertu et de leur enseigner l'art de régner heureusement, il ne faisait pas difficulté de s'adresser directement à eux, et de leur donner des avis. Un prince disait un jour à un roi de Lu, appelé Limcum, un prince doit être modéré, il ne doit mépriser aucun de ses sujets, il doit récompenser ceux qui le méritent. Il y a des sujets qu'il doit traiter avec douceur, et d'autres avec sévérité; il y en a sur la fidélité desquels il se doit reposer ; mais il y en a aussi dont il ne saurait assez se défier.

Confucius veut même que les princes ne souhaitent rien de ce que les autres hommes souhaitent, quoique ce soient quelquefois des biens qu'il semble qu'ils pourraient désirer sans crime. Il veut qu'ils foulent aux pieds, pour ainsi dire, tout ce qui peut faire la félicité des mortels sur la terre, et que surtout ils regardent les richesses, les enfans et la vie même, comme des avantages qui ne font que passer, et qui par conséquent ne peuvent pas faire la félicité d'un prince. L'empereur Yao, dit ce philosophe, s'était conduit par ces maximes ; et, sous la conduite d'un si bon guide, il était parvenu à une perfection où peu de mortels peuvent atteindre ; car on peut dire qu'il ne voyait au-dessus de lui que le ciel, auquel il s'était entièrement conformé. Ce prince incomparable, ajouta-t-il, visitait de temps en temps les provinces de son empire, et, comme il était les délices de son peuple, un jour, ayant été rencontré par une troupe de ses sujets, ses sujets, après l'avoir appelé leur empereur et leur père, et avoir fait éclater toute leur joie à la vue d'un si grand prince, s'écrièrent à haute voix pour joindre des vœux à

leurs acclamations : « Que le ciel te comble de richesses !
« qu'il t'accorde une famille nombreuse ! et qu'il ne
« te ravisse à ton peuple que tu ne sois rassasié de
« jours ! » Non, répondit l'empereur, poussez d'autres vœux vers le ciel. « Les grandes richesses
« produisent les grands soins et les grandes inquiétudes ; le grand nombre d'enfans produit les grandes
craintes ; et une longue vie n'est ordinairement
« qu'une longue suite de maux. » Qu'il se trouve peu d'empereurs qui soient semblables à Yao, s'écrie après cela Confucius !

Ce qui fait ordinairement de la peine aux rois, ce qui redouble en quelque manière le poids du fardeau qui est attaché à leur couronne, c'est ou le peu de sujets sur lesquels ils règnent, ou le peu de richesses qu'ils possèdent ; car enfin tous les rois ne sont pas de grands rois, tous les rois n'ont pas de vastes royaumes et des richesses excessives. Mais Confucius croit qu'un roi est trop ingénieux à se tourmenter, lorsque ces réflexions sont capables de lui causer la moindre tristesse. Il dit dit qu'un roi a assez de sujets lorsque ses sujets sont contens, et que son royaume est assez riche lorsque la concorde et la paix y règnent. « La paix et la concorde, dit ce philosophe,
« sont les mères de l'abondance. »

Enfin Confucius enseigne en parlant toujours des devoirs des princes, qu'il est si nécessaire qu'un prince soit vertueux, que, lorsqu'il ne l'est point, un sujet est obligé, par les lois du ciel, de s'exiler volontairement, et d'aller chercher une autre patrie.

Il se plaint quelquefois des désordres des princes; mais le grand sujet de ses plaintes est les désordres des particuliers. Il soupire des mœurs de son siècle; il dit qu'il ne voit presque personne qui se distingue, par la vertu ou par quelque qualité extraordinaire, que tout est corrompu, que tout est gâté, et que c'est principalement parmi les magistrats et les courtisans que la vertu est négligée. Il est vrai que Confucius semble quelquefois outrer les choses. En effet, c'était peu de chose pour ce philosophe, lorsqu'il ne se trouvait dans la cour d'un prince que dix ou douze personnes d'une sagesse éclatante. Il criait, ô temps, ô mœurs! il gémissait. Sous le règne de Yuvam, il y avait dix hommes d'une vertu et d'une suffisance consommées, sur lesquels cet empereur se pouvait reposer de toutes les affaires de l'empire. Cependant Confucius se récriait sur un si petit nombre, en disant que les grands dons, la vertu et les qualités de l'esprit, étaient des choses fort rares dans son siècle.

Il avait fait les mêmes plaintes à l'égard de l'empereur Zun, le premier de la famille de Cheu, quoique ce prince eût alors cinq préfets, du mérite desquels l'on peut juger par l'histoire de l'un de ces ministres, qui était appelé Yu.

Ce sage ministre a rendu sa mémoire immortelle parmi les Chinois, non-seulement parce que ce fut lui qui trouva le secret d'arrêter ou de détourner les eaux qui innondaient tout le royaume, et qui le rendaient presque inhabitable, mais parce qu'étant devenu empereur, il vécut toujours en philosophe. Il était d'une famille illustre; car il pouvait compter des empereurs parmi ses aïeux. Mais si par la décadence de sa maison il était déchu des prétentions qu'il pouvait avoir sur l'empire, sa sagesse et sa vertu lui acquirent ce que la fortune avait refusé à la noblesse de son extraction. L'empereur Zun avait si bien reconnu son mérite, qu'il l'associa à l'empire; et, dix-sept ans après, il le déclara son légitime successeur, à l'exclusion de son propre fils. Yu refusa cet honneur; mais, comme il s'en défendait en vain, et que la générosité souffrait dans les pressantes sollicitations qui lui étaient faites de toutes parts, il se déroba aux yeux de la cour, et alla chercher une retraite dans une caverne : mais, n'ayant pu se cacher si bien qu'il ne fût enfin découvert dans les rochers de sa solitude, il fut élevé, malgré lui, sur le trône de ses ancêtres. Jamais trône n'a été plus accessible que celui de ce prince ; jamais prince n'a été plus affable. On dit qu'il quitta un jour jusqu'à dix fois son repas, pour voir les requêtes qu'on lui présentait, ou écouter les plaintes des misérables ; et qu'il quittait même ordinairement son bain lorsqu'on lui demandait audience. Il régna dix ans avec tant de bonheur, avec tant de tranquillité et dans une si grande abondance de toutes choses, qu'on peut dire certainement de ce siècle, que c'était un siècle d'or. Yu avait cent ans lorsqu'il mourut ; et il mourut comme il avait vécu : car préférant les intérêts de l'empire aux intérêts de sa famille, il ne voulut pas que son fils lui succédât ; il donna la couronne à un de ses sujets, dont la vertu lui était connue. Un prince est heureux sans doute lorsqu'il peut quelquefois se décharger des soins qui l'accablent, sur un tel ministre ; et Zun ne pouvait que l'être, puisqu'il en avait cinq tout-à-la fois tous dignes d'être assis sur le trône ; mais ce nombre n'était pas assez grand pour Confucius ; c'est ce qui le faisait soupirer.

Confucius dit qu'un prince ne doit jamais accepter la couronne au préjudice de son père, quelqu'indigne que son père en soit; que c'est un des plus grands crimes dont un prince puisse être capable: et cela lui donne occasion de faire deux petites histoires qui font admirablement à son sujet.

Limcum, dit ce philosophe, était un roi de Guei, qui se maria en secondes noces. Comme la chasteté n'est pas toujours le partage des princesses, la reine eut des commerces illégitimes avec un des grands de sa cour: et cela ne s'étant pas fait avec si peu d'éclat qu'un des fils du premier lit de Limcum, n'en eût connaissance, ce jeune prince, jaloux de l'honneur de son père, en eut tant de ressentiment, qu'il fit dessein de tuer la reine; il ne cacha pas même son dessein. L'adroite et criminelle princesse qui se vit découverte, et qui avait beaucoup d'ascendant sur l'esprit de son vieux époux, allégua des raisons si plausibles pour faire croire qu'elle était innocente, que ce pauvre prince, loin d'ouvrir les yeux à la vérité, exila son fils. Mais comme les enfans ne sont pas coupables des crimes des pères, il retint Ché auprès de lui: c'était le fils du prince disgracié. Limcum mourut quelque temps après. Le peuple rappela le prince que les désordres de la reine avaient fait bannir : et il allait recevoir la couronne ; mais son lâche fils s'y opposa, alléguant que son père était un parricide : il leva des armées contre lui, et se fit proclamer roi par le peuple.

Les fils du roi de Cucho, continue-t-il, n'en usèrent pas de cette manière : Voici un exemple mémorable. Ce roi, dont nous ferons en deux mots l'histoire, eut trois fils ; et comme les pères ont quelquefois plus de tendresse pour les plus jeunes de leurs enfans que pour les autres, celui-ci en eut tant pour le dernier que le ciel lui avait donné, que quelques jours avant que de mourir, il le nomma pour son successeur, à l'exclusion de ses autres frères. Ce procédé était d'autant plus extraordinaire qu'il était contraire aux lois du royaume. Le peuple crut, après la mort du roi, qu'il pouvait entreprendre sans crime, d'élever sur le trône l'aîné de la famille royale. Cela s'exécuta comme le peuple l'avait projeté. Il n'y eut que le nouveau roi, qui, se ressouvenant des dernières paroles de son père, n'y voulut jamais donner les mains. Ce généreux prince prit la couronne qu'on lui présentait, la mit sur la tête de son jeune frère, et déclara hautement qu'il y renonçait ; et que même il s'en croyait indigne, puisqu'il en avait été exclus par la volonté de son père, et que son père ne pouvait plus rétracter ce qu'il avait dit. Le frère, touché d'une action si héroïque, le conjura dans le moment de ne pas s'opposer à l'inclination de tout un peuple qui désirait qu'il régnât sur lui. Il lui allégua que c'était lui seul qui était le légitime successeur de la couronne qu'il méprisait; que le père ne pouvait violer les lois de l'état ; que ce prince s'était laissé surprendre à une trop grande tendresse, et qu'en un mot, c'était en quelque manière aux peuples à redresser les lois de leurs rois lorsqu'elles n'étaient pas équitables. Mais rien ne fut capable de lui persuader qu'il pouvait s'opposer aux volontés de son père. Il y eut entre ces deux princes une louable contestation ; aucun ne voulut prendre la couronne ; et, comme ils virent bien l'un et l'autre que cette contestation durerait long-temps, ils se retirèrent de la cour, et, vaincus et victorieux tout ensemble, ils allèrent finir leurs jours dans le repos d'une solitude, et laissèrent le royaume à leur frère. Ces princes, ajouta-t-il, cherchaient la vertu, mais ils ne la cherchèrent pas en vain, ils la trouvèrent.

Il fait de temps en temps de petites histoires de

cette nature, où l'on voit éclater partout une générosité héroïque. On y voit les femmes du peuple, et même de grandes princesses, qui aiment mieux se laisser mourir, ou se donner la mort de leurs propres mains, que d'être exposées aux violences de leurs ravisseurs. On y voit des magistrats se démettre des plus grands emplois, pour fuir les désordres de la cour; des philosophes censurer les rois sur leur trône, et des princes qui ne font pas difficulté de vouloir mourir pour appaiser la colère du ciel et procurer la paix à leurs peuples.

Après cela, Confucius enseigne de quelle manière on doit ensevelir les morts; et comme cela se faisait de son temps avec beaucoup de magnificence, il blâme dans les pompes funèbres tout ce qui sent tant soit peu l'ostentation, et le blâme même d'une manière assez aigre. En effet, un de ses disciples étant mort, et ce disciple ayant été enseveli avec la magnificence ordinaire, il s'écria dès qu'il le sut : « Lors« que mon disciple vivait il me regardait comme son « père, et je le regardais comme mon fils; mais « aujourd'hui le puis-je regarder comme mon fils, « il a été enseveli comme les autres hommes? »

Il défend de pleurer les morts avec excès; et si,

forcé par sa propre douleur, il a versé des larmes pour ce même disciple, il avoue qu'il s'est oublié; qu'à la vérité les grandes douleurs n'ont point de bornes, mais que le sage ne doit point être surmonté par la douleur; que c'est une faiblesse en lui, que c'est un crime.

Il donne de grandes louanges à quelques-uns de ses disciples, qui, au milieu de la plus grande pauvreté, étaient contens de leur destinée, et comptaient pour de grandes richesses les vertus naturelles qu'ils avaient reçues du ciel.

Il déclame contre l'orgueil, contre l'amour-propre, contre l'indiscrétion, contre la ridicule vanité de ceux qui affectent de vouloir être maîtres partout; contre ces hommes remplis d'eux-mêmes, qui prônent à tous momens leurs actions, contre les grands parleurs : et faisant ensuite le portrait du sage, par opposition à ce qu'il vient de dire, il dit que l'humilité, la modestie, la retenue et l'amour du prochain sont des vertus qu'il ne saurait négliger un moment, sans sortir de son caractère.

Il dit qu'un homme de bien ne s'afflige jamais, qu'il ne craint rien; qu'il méprise les injures, qu'il n'ajoute jamais foi à la médisance, qu'il n'écoute pas même les rapports.

Il soutient que les supplices sont trop fréquens ; que si les magistrats étaient gens de bien, les méchans conformeraient leur vie à la leur ; et que si les princes n'élevaient aux dignités que des personnes distinguées par leur probité et par une vie exemplaire, tout le monde s'attacherait à la vertu, parce que les grandeurs étant des biens que tous les hommes désirent naturellement, chacun voulant les posséder, chacun tâcherit de s'en rendre digne.

Il veut que l'on fuie la paresse, qu'on soit composé, qu'on ne précipite point ses réponses ; et que, se mettant au-dessus de tout, on ne se fasse jamais une peine, ou de ce qu'on est méprisé, ou de ce que l'on n'est point connu dans le monde.

Il compare les hypocrites à ces scélérats, qui, pour mieux cacher leurs desseins aux yeux des hommes, paraissent sages et modestes pendant le jour, et qui, à la faveur de la nuit, volent les maisons, et exercent les plus infâmes brigandages.

Il dit que ceux qui font leur dieu de leur ventre, ne font jamais rien qui soit digne de l'homme ; que ce sont plutôt des brutes que des créatures raisonnables; et, revenant à la conduite des grands, il remarque fort bien que leurs crimes sont toujours plus grands que les crimes des autres hommes. Zam, le dernier empereur de la famille de Cheu, dit Confucius, à cette occasion, avait eu une conduite fort irrégulière. Mais, quelqu'irrégulière que fût sa conduite, les désordres de cet empereur n'étaient pourtant que les désordres de son siècle. Cependant, dès qu'on parle de quelque action lâche, de quelque action criminelle et infâme, on dit que c'est le crime de Zam. En voici la raison: « Zam « était méchant et empereur. »

Confucius dit une infinité d'autres choses de cette nature, qui regardent la conduite de toutes sortes d'hommes; mais comme la plupart des choses qu'il dit, ou que ses disciples disent, sont des sentences et des maximes, ainsi que nous l'avons déjà fait sentir, en voici quelques-unes des plus considérables.

MAXIMES.

I.

Travaille à imiter les sages, et ne te rebute jamais, quelque pénible que soit ce travail : si tu peux venir à tes fins, le plaisir que tu goûteras te dédommagera de toutes tes peines.

II.

Lorsque tu travailles pour les autres, travaille avec la même ardeur que si tu travaillais pour toi-même.

III.

La vertu qui n'est point soutenue par la gravité, n'acquiert point d'autorité parmi les hommes.

IV.

Souviens-toi toujours que tu es homme, que la nature humaine est fragile, et que tu peux aisément succomber, et tu ne succomberas jamais. Mais si, venant à oublier ce que tu es, il t'arrive de succomber, ne perds pas courage pourtant : souviens-toi que tu te peux relever, qu'il ne tient qu'à toi de rompre les liens qui t'attachent au crime, et de surmonter les obstacles qui t'empêchent de marcher dans le chemin de la vertu.

V.

Prends garde si ce que tu promets est juste ; car, après que l'on a promis quelque chose, il n'est point permis de se rétracter : on doit toujours tenir sa promesse.

VI.

Lorsque tu fais hommage à quelqu'un, fais que tes soumissions soient proportionnées à l'hommage que tu lui dois : il y a de la grossièreté et de l'orgueil à n'en faire pas assez ; mais il y a de la bassesse à en faire trop, il y a de l'hypocrisie.

VII.

Ne mange pas pour le plaisir que tu peux trouver

à manger; mange pour réparer tes forces, mange pour conserver la vie que tu as reçue du ciel.

VIII.

Travaille à purifier tes pensées: si tes pensées ne sont point mauvaises, tes actions ne le seront point.

IX.

Le sage goûte une infinité de plaisirs; car la vertu a ses douceurs au milieu des duretés qui l'environnent.

X.

Celui qui, dans ses études, se donne tout entier au travail et à l'exercice, et qui néglige la méditation, perd son temps; mais aussi celui qui s'applique tout entier à la méditation, et qui néglige le travail et l'exercice, ne peut que s'égarer et se perdre. Le premier ne saura jamais rien d'exact, ses lumières seront toujours mêlées et de ténèbres et de doutes, et le dernier ne poursuivra que des ombres; sa science ne sera jamais sûre, elle ne sera jamais solide. Travaille, mais ne néglige pas la méditation ; médite, mais ne néglige pas le travail.

XI.

Un prince doit punir le crime, de peur qu'il ne semble le soutenir : mais cependant il doit contenir son peuple dans le devoir, plutôt par des effets de clémence, que par des menaces et des supplices.

XII.

Ne manque jamais de fidélité à ton prince, ne lui cache rien de ce qu'il est de son intérêt de savoir, et ne trouve rien de difficile lorsqu'il s'agira de lui obéir.

XIII.

Lorsqu'on ne peut apporter à un mal aucun remède, il est inutile d'en chercher. Si par tes avis et tes remontrances tu pouvais faire que ce qui est déjà fait ne le fût point, ton silence serait criminel : mais il n'y a rien de plus froid qu'un conseil dont il est impossible de profiter.

XIV.

La pauvreté et les misères humaines sont des maux en soi, mais il n'y a que les méchans qui les ressentent. C'est un fardeau sous lequel ils gémissent, et qui les fait enfin succomber ; ils se dégoûtent même de la fortune la plus riante. Il n'y a que le sage qui soit toujours content ; la vertu rend son âme tranquille ; rien ne le trouble, rien ne l'inquiète, parce qu'il ne pratique pas la vertu pour en être récompensé. La pratique de la vertu est la seule récompense qu'il espère.

XV.

Il n'y a que l'homme de bien qui puisse sûrement faire choix, qui puisse ou aimer ou haïr avec raison et comme il faut.

XVI.

Celui qui s'applique à la vertu, et qui s'y applique fortement, ne commet jamais rien d'indigne de l'homme, ni de contraire à la droite raison.

XVII.

Les richesses et les honneurs sont des biens, le

désir de les posséder est naturel à tous les hommes ; mais , si ces biens ne s'accordent pas avec la vertu, le sage les doit mépriser et y renoncer généreusement. Au contraire, la pauvreté et l'ignominie, sont des maux; l'homme les fuit naturellement. Si ces maux attaquent le sage, il lui est permis de s'en délivrer, mais il ne lui est jamais permis de s'en délivrer par un crime.

XVIII.

Je n'ai jamaïs vu encore d'homme qui se félicitât de sa vertu, ou qui fût affligé de ses défauts ou de ses faiblesses ; mais je n'en suis pas surpris, parce que je voudrais que celui qui prend plaisir à la vertu, trouvât en la vertu tant de charmes, qu'il méprisât pour elle tout ce que le monde a de plus doux, et au contraire que celui qui a de l'horreur pour le vice, trouvât le vice si hideux, qu'il n'y eût rien qu'il ne mît en œuvre pour se défendre d'y tomber.

XIX.

Il n'est pas croyable que celui qui ferait tous les

efforts dont il est capable, pour acquérir la vertu, ne l'acquît enfin, quand même il ne travaillerait qu'un seul jour. Je n'ai jamais vu d'homme qui n'eût pour cela des forces suffisantes.

XX.

Celui qui le matin a écouté la voix de la vertu, peut mourir le soir. Cet homme ne se repentira point d'avoir vécu, et la mort ne lui fera aucune peine.

XXI.

Celui qui cherche le faste dans ses habits, et qui n'aime point la frugalité, n'est pas encore disposé pour l'étude de la sagesse; tu ne dois pas même t'en entretenir avec lui.

XXII.

Ne t'afflige point de ce que tu n'es pas élevé aux grandeurs et aux dignités publiques; gémis plutôt de ce que peut-être tu n'es pas orné des vertus qui te pourraient rendre digne d'y être élevé.

XXIII.

L'homme de bien n'est occupé que de sa vertu ; le méchant ne l'est que de ses richesses. Le premier pense continuellement au bien et à l'intérêt de l'état ; mais le dernier a d'autres soucis, il ne pense qu'à ce qui le touche.

XXIV.

Ne fais à autrui que ce que tu veux qu'il te soit fait : tu n'as besoin que de cette seule loi ; elle est le fondement et le principe de toutes les autres.

XXV.

Le sage n'a pas plus tôt jeté les yeux sur un homme de bien, qu'il tâche d'imiter ses vertus ; mais ce même sage n'a pas plus tôt tourné sa vue sur un homme abandonné à ses crimes, que, se défiant de soi-même, il se demande, comme en tremblant, s'il n'est pas semblable à cet homme.

XXVI.

Un enfant est obligé de servir son père et de lui

obéir. Les pères et mères ont leurs défauts ; un enfant est obligé de les leur faire connaître , mais il le doit faire avec douceur et avec prudence ; et si , quelques précautions qu'il prenne il trouve toujours de la résistance, il doit s'arrêter pour quelques momens, mais il ne doit pas se rebuter. Les conseils donnés à un père ou à une mère attirent souvent sur le fils des duretés et des châtimens ; mais un fils doit souffrir dans cette occasion ; il ne doit pas même murmurer.

XXVII.

Le sage ne se hâte jamais , ni en ses études , ni en ses paroles ; il est même quelquefois comme muet. Mais lorsqu'il est question d'agir et de pratiquer la vertu, il précipite tout pour ainsi dire.

XXVIII.

Le véritable sage parle peu ; il est même peu éloquent. Je ne vois pas aussi que l'éloquence lui puisse être d'un fort grand usage.

XXIX.

Il faut une longue expérience pour connaître le

cœur de l'homme. Je m'imaginais, lorsque j'étais jeune, que tous les hommes étaient sincères, qu'ils mettaient en pratique tout ce qu'ils disaient : en un mot, que leur bouche était toujours d'accord avec leur cœur. Mais maintenant que je regarde les choses d'un autre œil, je suis convaincu que je me trompais. Aujourd'hui j'écoute ce que les hommes disent, mais je ne m'en tiens jamais à ce qu'ils disent, je veux savoir si leurs paroles sont conformes à leurs actions.

XXX.

Il y eut autrefois dans le royaume de Ci un préfet qui tua son roi. Un autre préfet du même royaume regardant avec horreur le crime de ce parricide, quitta sa dignité, abandonna ses biens, et se retira dans un autre royaume. Ce sage ministre ne fut pas assez heureux pour trouver d'abord ce qu'il cherchait ; il ne trouva dans ce nouveau royaume que des ministres iniques, et peu attachés aux intérêts de leur maître. Ce ne sera pas le lieu de mon séjour, se prit-il à dire, je chercherai ailleurs une retraite. Mais ayant rencontré toujours des hommes semblables à ce perfide ministre, qui l'avait forcé par son crime à abandonner sa patrie, sa dignité et tous ses biens, il court par toute la terre. Si tu me demandes ce que je crois d'un tel homme, je ne puis refuser de te dire qu'il mérite de grandes louanges, et qu'il avait une vertu distinguée ; c'est le jugement que tout homme raisonnable en doit faire. Mais comme nous ne sommes pas les scrutateurs des cœurs, et que c'est proprement dans le cœur que la véritable vertu réside, je ne sais si sa vertu était une véritable vertu; on ne doit pas toujours juger des hommes par les actions extérieures.

XXXI.

Je connais un homme qui passe pour sincère dans l'esprit du peuple, à qui l'on demanda l'un de ces jours quelque chose qu'il n'avait pas. Tu t'imagines peut-être qu'il avoua ingénument qu'il était dans l'impuissance de donner ce qu'on lui demandait. Il l'eût dû faire, si sa sincérité eût répondu au bruit qu'elle fait parmi le peuple ; mais voici de quelle manière il s'y prit : il fut adroitement chez un voisin, il lui emprunta ce qu'on lui demandait à lui-même, et il le donna ensuite. Je ne saurais jamais me convaincre que cet homme puisse être sincère.

XXXII.

Ne refuse point ce qui t'est donné par ton prince, quelques richesses que tu possèdes. Donne ton superflu aux pauvres.

XXXIII.

Les défauts des pères ne doivent pas être imputés aux enfans. Perce qu'un père se sera rendu indigne, par ses crimes d'être élevé aux dignités, on n'en doit pas exclure le fils, s'il ne s'en rend pas lui-même indigne. Parce qu'un fils sera d'une naissance obscure, sa naissance ne doit pas faire son crime, il doit être appelé aux grands emplois aussi bien que les fils des grands, s'il a les qualités nécessaires. Nos pères ne sacrifiaient autrefois que des victimes d'une certaine couleur, et l'on choisissait ces couleurs selon le gré de ceux qui étaient assis sur le trône. Sous le règne d'un de nos empereurs, la couleur rousse était en vogue. Crois-tu que les divinités auxquelles nos pères sacrifiaient, sous le règne de cet empereur, eussent rejeté un taureau de couleur rousse, parce qu'il serait sorti d'une vache qui n'aurait pas été de la même couleur ?

XXXIV.

Préfère la pauvreté et l'exil aux charges de l'état les plus éminentes, lorsque c'est un homme méchant qui te les offre, et qu'il te veut contraindre de les accepter.

XXXV.

Le chemin qui conduit à la vertu est long, mais il ne tient qu'à toi d'achever cette longue carrière. N'allègue point, pour t'excuser, que tu n'as pas assez de forces, que les difficultés te découragent, et que tu seras obligé enfin de t'arrêter au milieu de ta course. Tu n'en sais rien, commence à courir: c'est une marque que tu n'as pas encore commencé, tu ne tiendrais pas ce langage.

XXXVI.

Ce n'est pas assez de connaître la vertu, il la faut aimer; mais ce n'est pas encore assez de l'aimer, il la faut posséder.

XXXVII.

Celui qui persécute un homme de bien, fait la guerre au ciel. Le ciel a créé la vertu, et il la protége : celui qui la persécute, persécute le ciel.

XXXVIII.

Un magistrat doit honorer son père et sa mère, il ne doit jamais se relâcher, dans ce juste devoir; son exemple doit instruire le peuple. Il ne doit mépriser ni les vieillards ni les gens de mérite ; le peuple pourrait l'imiter.

XXXIX.

Un enfant doit être dans une perpétuelle appréhension de faire quelque chose qui déplaise à son père ; cette crainte le doit occuper toujours. En un mot, il doit agir dans tout ce qu'il fait avec tant de précaution, qu'il ne fasse jamais rien qui l'offense ou qui le puisse affliger tant soit peu.

XL.

La grandeur d'âme, la force et la persévérance

doivent être le partage du sage. Le fardeau, dont il s'est chargé est pesant, sa carrière est longue.

XLI.

Le sage ne fait jamais rien sans conseil ; il consulte même quelquefois, dans les affaires les plus importantes, les hommes les moins intelligens, les hommes qui ont le moins d'esprit et le moins d'expérience. Lorsque les conseils sont bons, on ne doit pas regarder d'où ils viennent.

XLII.

Evite la vanité et l'orgueil. Quand tu aurais toute la prudence et toute l'habileté des anciens, si tu n'as pas l'humanité, tu n'as rien, tu es même l'homme du monde qui mérite le plus d'être méprisé.

XLIII.

Apprends ce que tu sais déjà, comme si tu ne l'avais jamais appris : on ne sait jamais si bien les choses, qu'on ne puisse bien les oublier.

XLIV.

Ne fais rien qui soit malséant, quand même tu aurais assez d'adresse pour faire approuver ce que tu fais : tu peux bien tromper les yeux des hommes, mais tu ne saurais tromper le ciel, il a les yeux trop clairvoyans.

XLV.

Ne te lie jamais d'amitié avec un homme qui ne sera pas plus homme de bien que toi.

XLVI.

Le sage a honte de ses défauts, mais il n'a pas honte de s'en corriger.

XLVII.

Celui qui vit sans envie et sans convoitise, peut aspirer à tout.

XLVIII.

Veux-tu apprendre à bien mourir, apprends auparavant à bien vivre.

XLIX.

Un ministre d'état ne doit jamais servir son prince dans ses injustices et dans ses désordres; il doit plutôt renoncer à son ministère que de le flétir par des actions lâches et criminelles.

L.

L'innocence n'est plus une vertu, la plupart des grands en sont déchus. Mais, si tu demandes ce qu'il faudrait faire pour recouvrer cette vertu, je réponds qu'il ne faudrait que se vaincre soi-même. Si tous les mortels remportaient sur eux, dans un même jour, cette heureuse victoire, tout l'univers, dès ce même jour, reprendrait une nouvelle forme, nous serions tous parfaits, nous serions tous innocens. La victoire est difficile, il est vrai, mais elle n'est pas impossible : car, enfin, se vaincre soi-même n'est que faire ce qui est conforme à la raison. Détourne tes yeux, ferme tes oreilles, mets un frein à ta langue, et sois plutôt dans une éternelle inaction, que d'occuper tes yeux à voir des spectacles où la raison se trouve choquée, que d'y donner ton attention , que d'en discourir. Voilà de quelle manière tu pourras vaincre ; la victoire ne dépend que de toi.

LI.

Ne souhaite point la mort de ton ennemi , tu la souhaiterais en vain ; sa vie est entre les mains du ciel.

LII.

Il est facile d'obéir au sage , il ne commande rien d'impossible ; mais il est difficile de le divertir : souvent ce qui réjouit les autres le fait soupirer , et arrache de ses yeux des torrens de larmes.

LIII.

Reconnais les bienfaits par d'autres bienfaits , mais ne te venge jamais des injures.

LIV.

En quelque endroit du monde que tu sois obligé de passer ta vie , aie commerce avec les plus sages , ne fréquente que les gens de bien.

LV.

Pécher et ne se repentir point, c'est proprement pécher.

LVI.

Il est bon de jeûner quelqufois pour vaquer à la méditation et à l'étude de la vertu. Le sage est occupé d'autres soins que des soins continuels de sa nourriture. La terre la mieux cultivée trompe l'espérance du laboureur lorsque les saisons sont déréglées : toutes les règles de l'agriculture ne le sauraient garantir de la mort dans le temps d'une dure famine ; mais la vertu n'est jamais sans fruit.

LVII.

Le sage doit apprendre à connaître le cœur de l'homme, afin que, prenant chaque homme par son propre penchant, il ne travaille pas en vain lorsqu'il lui parlera de la vertu. Tous les hommes ne doivent pas être instruits de la même manière. Il y a diverses routes qui conduisent à la vertu ; le sage ne les doit pas ignorer.

LVIII.

L'homme de bien pèche quelquefois ; la faiblesse lui est naturelle ; mais il doit si bien veiller sur soi, qu'il ne tombe jamais deux fois dans le même crime.

LIX.

Combats nuit et jour contre tes vices, et, si, par tes soins et ta vigilance, tu remportes sur toi la victoire, attaque hardiment les vices des autres, mais ne les attaque pas avant cela ; il n'y a rien de plus ridicule que de trouver à redire aux défauts des autres lorsqu'on a les mêmes défauts.

LX.

Nous avons trois amis qui nous sont utiles, un ami sincère, un ami qui écoute tout, qui examine tout ce qu'on lui dit, et un ami qui parle peu ; mais nous en avons aussi trois dont l'amitié est pernicieuse : un ami hypocrite, un ami flatteur, et un ami qui parle beaucoup.

LXI.

Celui qui s'applique à la vertu a trois ennemis à

combattre, qu'il doit tâcher de surmonter: l'incontinence, lorsqu'il est encore dans la vigueur de son âge, et que le sang lui bout dans les veines; les contestations et les disputes, lorsqu'il est parvenu à un âge mûr; et l'avarice, lorqu'il est vieux.

LXII.

Il y a trois choses que le sage doit révéler : les lois du ciel, les grands hommes, et les paroles des gens de bien.

LXIII.

On peut avoir de l'aversion pour son ennemi, sans pourtant avoir le désir de se venger: les mouvemens de la nature ne sont pas toujours criminels.

LXIV.

Défie-toi d'un homme flatteur, d'un homme qui est affecté dans ses discours et qui se pique partout d'éloquence : ce n'est pas le caractère de la véritable vertu.

LXV.

Le silence est absolument nécessaire au sage. Les

grands discours, les discours étudiés, les traits d'éloquence doivent être un langage inconnu pour lui, ses actions doivent être son langage. Pour moi je ne voudrais jamais plus parler. Le ciel parle, mais de quel langage se sert-il pour prêcher aux hommes qu'il y a un souverain principe d'où dépendent toutes choses ; un souverain principe qui les fait agir et mouvoir ? Son mouvement est son langage, il ramène les saisons en leur temps, il émeut toute la nature, il la fait produire : que ce silence est éloquent !

LXVI.

Le sage doit haïr plusieurs sortes d'hommes. Il doit haïr ceux qui divulguent les défauts des autres, et qui se font un plaisir d'en parler. Il doit haïr ceux qui n'étant ornés que de qualités fort médiocres, et qui d'ailleurs n'ayant aucune naissance, médisent et murmurent témérairement contre ceux qui sont élevés aux dignités de l'état. Il doit haïr un homme vaillant, lorsque sa bravoure n'est accompagnée ni de civilité, ni de prudence. Il doit haïr ces sortes d'hommes qui, toujours remplis de leur amour-propre, qui, toujours entêtés de leur mérite, et idolâtres de leurs sentimens, attaquent tout, trouvent à redire à tout, et ne consultent jamais la raison. Il doit haïr ceux qui, n'ayant que très-peu de lumières, se mêlent pourtant de censurer ce que font les autres. Il doit haïr les hommes superbes. Enfin il doit haïr ceux qui se font une habitude d'aller déterrer les défauts des autres pour les publier.

LXVII.

Il est bien difficile de se ménager avec le petit peuple. Ces sortes d'hommes deviennent familiers et insolens lorsqu'on a trop de commerce avec eux; et, comme ils s'imaginent qu'on les méprise lorsqu'on les néglige tant soit peu, on s'attire leur aversion.

LXVIII.

Celui qui est parvenu à la quarantième année de son âge, et qui, jusqu'à ce temps-là a été l'esclave de quelque habitude criminelle, n'est guère en état de la surmonter. Je tiens sa maladie incurable; il persévérera jusqu'à la mort dans son crime.

LXIX.

Ne t'afflige point de la mort d'un frère. La mort et la vie sont en la puissance du ciel, auquel le sage est obligé de se soumettre. D'ailleurs, tous les hommes de la terre sont tes frères : pourquoi pleurerais-tu sur un seul dans le temps qu'il t'en reste tant d'autres ?

LXX.

La lumière naturelle n'est qu'une perpétuelle conformité de notre âme avec les lois du ciel. Les hommes ne peuvent jamais perdre cette lumière. Il est vrai que, comme le cœur de l'homme est inconstant et muable, elle est couverte quelquefois de tant de nuages, qu'elle semble entièrement éteinte. Le sage l'éprouve lui-même ; car il peut tomber dans de petites erreurs, et commettre des fautes légères. Cependant le sage ne saurait être vertueux tandis qu'il est dans cet état-là ; il y aurait de la contradiction à le dire.

LXXI.

Il est bien difficile, lorsqu'on est pauvre, de ne

haïr point la pauvreté : mais on peut être riche sans être superbe.

LXXII.

Les hommes des premiers siècles ne s'appliquaient aux lettres et aux sciences que pour eux-mêmes, c'est-à-dire pour devenir vertueux : c'était là toute la louange qu'ils attendaient de leurs travaux et de leurs veilles. Mais les hommes d'aujourd'hui ne cherchent que l'encens, ils n'étudient que par vanité, et pour passer pour savans dans l'esprit des hommes.

LXXIII.

Le sage cherche la cause de ses défauts en soi-même ; mais le fou, se fuyant soi-même, la cherche partout ailleurs que chez soi.

LXXIV.

Le sage doit avoir une gravité sévère, mais il ne doit pas être farouche et intraitable. Il doit aimer la société, mais il doit fuir les grandes assemblées.

LXXV.

L'amour ou la haine des peuples ne doit pas être la règle de ton amour ou de ta haine : examine s'ils ont raison.

LXXVI.

Lie-toi d'amitié avec un homme qui ait le cœur droit et qui soit sincère ; avec un homme qui aime à apprendre et qui te puisse apprendre à son tour quelque chose. Les autres hommes sont indignes de ton amitié.

LXXVII.

Celui qui a ses défauts, et qui ne travaille point à s'en défaire, doit au moins faire tous ses efforts pour les cacher. Les défauts du sage sont comme les éclipses du soleil, ils viennent à la connaissance de tout le monde. Le sage, dans cette occasion, doit tâcher de se couvrir d'un nuage. Je dis la même chose des princes.

LXXVIII.

Abandonne sans balancer ta patrie lorsque la vertu y

est opprimée et que le vice y a le dessus. Mais si tu n'as pas fait dessein de renoncer aux maximes du siècle, dans ta retraite et dans ton exil, demeure dans ta misérable patrie ; à quel dessein en sortirais-tu ?

LXXIX.

Lorsqu'il s'agit du salut de ta patrie, ne consulte pas, expose ta vie.

LXXX.

Le ciel n'abrège pas la vie de l'homme, c'est l'homme qui abrège sa vie par ses crimes. Tu peux éviter les calamités qui viennent du ciel, mais tu ne saurais éviter celles que tu t'attires par tes crimes.

LETTRE

SUR

LA MORALE

DE

CONFUCIUS.

Monsieur,

Le présent que je vous fais ne saurait manquer de vous être agréable. Vous aimez les bonnes maximes de morale : en voici des meilleures et des plus solides. Si le lieu d'où elles viennent les pouvait rendre plus considérables, elles le seraient à cause de son éloignement. Ce sont des perles, ou des pierres précieuses de la Chine, et quelque chose de plus grand prix, parce qu'il n'y a rien de comparable aux trésors de la sagesse, comme dit l'Ecriture : *Pretiosior est cunctis opibus sapientia, et omnia quæ desiderantur huic non valent comparari* (1). Prov. c. 3. Je pourrais dire la même chose à l'égard de leur antiquité, si la vérité n'était de tout temps, et si l'on pouvait penser que ces maximes, pour être plus anciennes, en fussent aussi plus véritables et plus solides. Confucius, de qui on les a tirées, a vécu cinq cents ans avant la naissance temporelle de Jésus-Christ, et ce sage Chinois disait les avoir reçues des anciens comme par tradition : de sorte que l'on pourrait non-seulement les rapporter à Noé (un de ses fils s'étant établi dans l'Orient), mais encore aux patriarches avant le déluge ; et enfin au premier homme, pour ne pas dire à Dieu même, qui est le père de toutes les lumières : *Omne donum perfectum de sursùm est descendens à Patre luminum* (2). Cependant admirons la providence divine, qui a donné à toutes les nations de la terre des enseignemens et des maîtres pour les conduire. *In unamquamque gentem præposuit rectorem* (3). Eccle. c. 17. Nous en avons ici un témoignage bien assuré. On voit chez Confucius comme un crayon ou une

(1) *La sagesse est plus précieuse que toutes les richesses, et tous les biens que les hommes désirent ne peuvent lui être comparés.*

(2) *Tout don parfait descend du père des lumières.*

(3) *Dieu a mis à la tête de chaque nation un maître pour la conduire.*

ombre du christianisme, et aussi un abrégé de tout ce que les philosophes avaient reconnu de plus solide en matière de morale. Son principe est que l'homme étant déchu de la perfection de sa nature, se trouve corrompu par des passions et par des préjugés ; de sorte qu'il est nécessaire de le rappeler à la droite raison et de le renouveler. Ne semble-t-il pas que nous entendions Saint Paul qui nous dit : *Renovamini spiritu mentis vestræ, et induite novum hominem, qui secundùm Deum creatus est in justitiâ et sanctitate veritatis* (1). Si la volonté de l'homme est bien réglée, dit notre philosophe, il ne fera que de bonnes actions ; et si son entendement est dans la rectitude qui lui convient, sa volonté ne manquera pas d'être bien réglée. Comment pourriez-vous faire du bien, dit Jésus-Christ aux Juifs, si vous êtes mauvais? *Non potest arbor mala bonos fructus facere* (2). Et ailleurs, St. Paul dit que les hommes sont éloignés de la voie de Dieu par leur ignorance : *Alienati à viâ Dei per ignorantiam quæ est in illis* (3). Il n'y aura donc qu'une

(1) *Renouvelez-vous dans l'intérieur de votre âme et revêtez-vous de l'homme nouveau qui est créé à la ressemblance de Dieu dans la justice et la sainteté véritable.*

(2) *Un mauvais arbre ne peut pas produire de bons fruits.*

(3) *Ils sont éloignés de la voie de Dieu à cause de l'ignorance qui est en eux.*

chose à faire ; savoir, de porter notre esprit à la connaissance de la vérité : *Porrò unum est necessarium*(1). Toutes les actions de la vie ne servent qu'à nous disposer à cette perfection, qui met notre âme dans le meilleur état où elle puisse être suivant l'ordre du ciel. *Deus vult omnes homines salvos fieri, et ad agnitionem veritatis venire*(2). Ad Tim. c. 2. Pour ce qui regarde les philosophes, vous verrez ici des sentimens qui se rapportent à ceux des Grecs, surtout de Socrate et de Platon. Ces deux grands hommes vivaient à-peu-près du temps de Confucius. Les lois des académiciens s'y trouvent aussi, soit que ce Chinois les ait tirées des anciens, ou que le bon sens les lui ait inspirées, de même qu'aux académiciens qui sont venus après lui. Au reste, Monsieur, ces enseignemens ne sont pas seulement bons pour les gens de la Chine, mais je suis persuadé qu'il y a peu de Français qui ne s'estimât fort sage et fort heureux s'il les pouvait réduire en pratique. Vous en jugerez par vous-même ; je vais les rapporter suivant l'ordre de ces Livres.

(1) *Or une seule chose est nécessaire.*

(2) *Dieu veut que tous les hommes soient sauvés et qu'ils viennent à la connaissance de la vérité.*

DU PREMIER LIVRE.

I.

Il faut renouveler l'homme ; et, de même qu'un miroir que l'on veut rendre clair, il lui faut ôter toutes ses taches, en le purgeant de ses mauvaises habitudes et le nettoyant, en sorte qu'il soit exempt de troubles, soit de la part des passions, soit de la part des préjugés, afin qu'il revienne à la perfection de sa nature.

II.

C'est ce que l'on fera, si l'on prend une ferme résolution de travailler à acquérir le souverain bien qui consiste dans une parfaite conformité à la droite raison, soit par nos sentimens, soit par nos inclinations.

III.

Le plus court chemin et le moyen le plus prompt

pour disposer ainsi les hommes, est de les attirer par l'exemple de ceux qui les gouvernent.

IV.

Commencez à bien gouverner votre famille avant que de vouloir régner sur les peuples, et apprenez ainsi à commander.

V.

Ce que vous avez à faire à l'égard de votre esprit, c'est de le porter à son plus haut point de connaissance, et à la plus grande certitude qu'il peut avoir dans ses jugemens.

VI.

Lorsque l'entendement sera élevé à sa perfection, la volonté ne manquera pas de se porter aussi à la sienne.

VII.

Et, lorsque la volonté sera réglée, on ne fera que de bonnes actions.

VIII.

Il y a deux choses à rectifier, savoir : le dedans et le dehors de l'homme. Or, le dehors est bien conduit lorsque le dedans est dans la rectitude nécessaire ; et, si on n'est bien réglé dans l'intérieur, on ne saurait produire au dehors que des actions de déréglement ; d'où il s'ensuit que la première chose à laquelle il faut travailler, est de rectifier son entendement, en le délivrant de l'erreur et des préjugés.

IX.

Un homme déréglé au dedans et au dehors de lui-même ne saurait bien gouverner une famille ni un empire.

X.

Le père doit avoir un vrai amour pour son fils, et le fils une vraie obéissance pour son père.

XI.

Il y a une liaison étroite et comme une parenté entre le prince et les sujets.

XII.

Si vous cherchez des richesses extérieures avec avarice, vous vous mettez en état de n'en avoir jamais.

XIII.

Celui qui estime plus l'or que la vertu perdra l'or et la vertu.

XIV.

L'amour d'un peuple pour son roi est un lien plus fort pour le tenir en obéissance que la crainte; et jamais les peuples ne sont bons sujets quand ils ne le sont que par crainte.

XV.

A l'égard de nos semblables et égaux, nous devons nous comporter comme nous voudrions que l'on se comportât au nôtre.

XVI.

La clémence d'un prince, à l'égard de ses sujets,

doit être comme l'amour d'un père à l'égard de ses enfans.

XVII.

Les soins d'un prince, pour enrichir ses sujets, doivent être comme ceux d'un père pour enrichir ses enfans.

XVIII.

Un prince doit se dépouiller de ses intérêts particuliers, et ne se point considérer comme personne privée, ne s'attribuant rien de propre, et suivant en tout la raison et la bienséance.

XIX.

Le gain d'un prince doit se mesurer par l'utilité publique.

DU SECOND LIVRE.

I.

Tout péché vient de ce que l'on n'examine pas ce que l'on doit examiner.

II.

Il faut chercher le moyen d'acquérir notre perfection, et d'arriver à la fin que nous nous proposons en voulant être heureux.

III.

Il ne faut se proposer des vertus extraordinaires, ni trop éloignées de la pratique, ne devant point aspirer à l'impossible, ni demander plus que la condition humaine ne peut accorder.

IV.

Il ne faut point s'attendre à des preuves surnaturelles ni miraculeuses, et l'on ne doit pas se faire de la réputation parmi les peuples par des prestiges.

V.

Le sage suit la voie ordinaire que le ciel et la terre lui montrent.

VI.

Il n'y a point d'homme si stupide, ni de femme si ignorante qui ne soit capable de réduire en pratique les moyens que le ciel nous a donnés, pour nous porter à notre perfection.

VII.

La règle du moyen universel est naturelle. Nous l'apportons avec nous en naissant.

VIII.

Chacun doit se contenter de son partage, recevant de bon cœur ce que le ciel lui destine. S'il faut faire le personnage de pauvre ou de riche, cela doit être égal pour le sage.

IX.

Le sage marche comme dans une plaine, et le

fou va se précipitant par des chemins périlleux, et par des voies inégales.

X.

Le sage ressemble à un tireur à l'arc, qui ne rapporte la faute qu'à lui seul lorsqu'il ne donne pas à son but.

XI.

Celui qui s'avance vers la vertu, comme s'il montait une montage, ne regarde point derrière, de peur de se décourager par la longueur du chemin qu'il pourrait avoir fait ; il ne considère que le chemin qui lui reste à faire, songeant plutôt à le diminuer qu'à le mesurer.

XII.

Une femme qui aime la paix, remplira sa famille de satisfaction et de bonheur.

XIII.

Si l'on choisit les sages pour gouverner dans le

monde, on doit espérer que les peuples seront heureux; et, si l'on choisit des téméraires et des imprudens, la ruine des états s'en suivra infailliblement.

XIV.

Celui qui gouverne doit observer les règles qui suivent :

1°. Qu'il tâche de se perfectionner toujours de plus en plus.

2°. Qu'il chosisse et aime les sages.

3°. Qu'il conserve du respect pour ceux qui sont au-dessus de lui naturellement.

4°. Qu'il honore ses premiers magistrats et ses principaux ministres.

5°. Qu'il cède au conseil des administrateurs de la justice et de ceux qui sont les plus expérimentés.

6°. Qu'il aime ses sujets comme ses propres enfans.

7°. Qu'il fasse venir les meilleurs artisans pour le bien de son empire; qu'il les distingue et leur donne de l'emploi; qu'il ne renvoie jamais sans récompense ceux qui ont travaillé pour le bien public.

8°. Qu'il reçoive honorablement les étrangers.

9°. Qu'il défende et protège ses sous-gouverneurs comme ses propres membres.

10°. Qu'il médite souvent, et examine s'il travaille sans cesse à se conformer à la droite raison.

XV.

Voici les règles que chacun doit observer, en travaillant à se perfectionner de plus en plus.

1°. Que l'on tâche d'observer tout ce qui peut contribuer à découvrir la vérité, et que l'on ne travaille point à cela faiblement, comme par hasard, mais de dessein formé et sans réserve, comme étant la chose du monde la plus importante et la seule nécessaire.

2°. Si l'on doute au sujet de quelque action particulière de la vie, que l'on suive l'autorité de ceux qui passent pour les plus éclairés.

3°. Que l'on tâche de se défaire de ses doutes, et de se fixer l'esprit, soit par des réflexions, soit par des expériences.

4°. Que l'on distingue bien le vrai du faux, discernant ce que l'on sait de ce que l'on ne sait pas.

5°. Que l'on agisse avec constance lorsque l'on aura reconnu ce que l'on doit faire.

XVI.

On ne doit attendre aucune récompense de la vertu, sinon la vertu seule ; elle se soutient d'elle-même, et satisfait de sa propre nature, étant à la fin des actions vraiment raisonnables.

XVII.

Si tu es arrivé à ta perfection , tâche de perfectionner les autres ; mais souviens-toi de commencer par te perfectionner toi-même.

XVIII.

Le sage ne peut se déguiser dans ses actions.

XIX.

Le saint ou le parfait sage est entièrement conforme à l'idée que le ciel a formée du saint et parfait.

XX.

Le saint sera tout-puissant, il saura toute chose, et aura toute vertu au ciel et sur la terre.

DU TROISIÈME LIVRE.

I.

Les discours trop recherchés et remplis d'éloquence sont nuisibles ; ce sont des appas de l'erreur. La rhétorique est la peste des esprits. Il faut toujours considérer si l'on dit vrai, et jamais si l'on parle d'une manière agréable à la multitude.

II.

Je dois examiner ma conscience sur trois choses.

1°. Savoir si je me suis comporté, à l'égard des autres, comme j'aurais souhaité qu'on l'eût fait à mon égard ; et cela avec la même sincérité et le même zèle.

2°. Si j'ai servi mes amis, non pas sous apparence d'amitié, tendant à mes intérêts, mais par de vrais et simples motifs d'honnêteté.

3°. Si j'ai médité sur la doctrine qui m'a été enseignée, et si j'ai tâché de la réduire en pratique.

III.

Fuyez la fréquentation des méchans, et associez-vous avec les sages.

IV.

Si vous avez péché par fragilité, ne manquez pas de vous corriger incessamment.

V.

Ne mangez point pour le plaisir, mais seulement pour rendre votre corps utile au travail.

VI.

Un pauvre content de son état, vaut mieux qu'un riche arrogant; mais un riche qui ne s'enorgueillit point, vaut mieux que l'un et l'autre.

VII.

Celui qui est vraiment philosophe, ne doit pas se tourmenter de ce que les hommes ne le connaissent point, ou ne l'écoutent pas, ne voulant pas profiter de ses lumières ; car c'est leur faute, et non pas la sienne.

VIII.

Confucius s'appliqua d'abord à étudier les préceptes des anciens et à philosopher de son mieux.

IX.

A trente ans, il fut si ferme et si constant, qu'aucune chose ne l'ébranlait. Il ne craignit plus les événemens de la fortune ; et rien n'était capable de le détourner de l'étude de la philosophie.

X.

A Quarante ans, il n'hésita plus, et ses doutes s'évanouirent.

XI.

A cinquante ans, il reconnut la Providence, et il sut pénétrer dans les desseins du ciel, voyant la nécessité et l'utilité qu'il y avait de retourner à la pure lumière de la raison, qui est le plus grand présent que le ciel ait fait au genre humain.

XII.

A soixante ans, la force de son entendement se trouva portée à sa perfection, et ce fut alors qu'il éprouva ce que c'est que d'avoir l'esprit grand et bien cultivé par une bonne et solide philosophie.

XIII.

Enfin, à soixante-dix ans, il n'avait plus rien à craindre de la part de son corps ni des passions humaines. Il n'avait plus de combats à rendre contre lui-même ; étant paisible possesseur d'une paix intérieure, il ne pouvait plus vouloir le mal.

XIV.

Les sources de la vérité et de la philosophie sont inépuisables, et peuvent faire naître dans nos esprits une infinité de plaisirs.

XV.

Un de ses disciples lui ayant demandé ce qu'il

pensait de lui, il lui répondit : vous êtes un vase prêt à recevoir quelque chose.

XVI.

L'homme parfait est universel, il ne se resserre point à ses intérêts particuliers, au lieu que l'homme prudent est abject et esclave. Il dépend des accidens de son propre corps, et ne s'étend point au-delà des objets qui environnent l'extérieur de sa personne.

XVII.

Celui qui s'applique uniquement aux actions extérieures, ne se perfectionne point l'esprit; et celui qui ne s'adonne qu'à la contemplation, ne jouit pas du profit qu'il peut faire et n'en sait pas la mesure.

XVIII.

Si vous savez, faites connaître que vous savez ; si vous ne savez pas, avouez franchement que vous ne savez pas.

XIX.

Rejetez tout ce qui est incertain et douteux, quand il s'agit de science.

XX.

Et quand vous aurez quelque connaissance certaine, prenez garde de quelle manière vous la publierez, ayant égard non-seulement à vous-même, mais à la capacité de ceux à qui vous avez à parler.

XXI.

Toutes les cérémonies sont inutiles à des gens malicieux ou ignorans.

XXII.

Entre les personnes éclairées il n'y a pas lieu de contester.

XXIII.

N'admirez point dans la musique le plaisir que l'oreille en reçoit, mais la beauté de la convenance et de l'accord.

XXIV.

L'homme déréglé ne peut demeurer avec la pauvreté

ni avec les richesses ; il combat contre toutes sortes d'états, et se dégoûte de tout.

XXV.

La vertu est bien facile à avoir, puisque le simple désir l'obtient.

XXVI.

Le philosophe agit toujours en vue de la vérité, laquelle ne dépend point des circonstances particuliè-des choses sensibles : il sait qu'à l'égard de ces choses on ne doit pas s'obstiner, car elles n'ont rien de stable ni de permanent.

XXVII.

Faites toutes choses de gré.

XXVIII.

Le philosophe est prompt à agir, et lent à parler et à décider.

DEUXIÈME PARTIE DU SECOND LIVRE.

I.

Il est difficile qu'un homme accoutumé à la rhétorique, et qui se laisse conduire par l'élégance du discours devienne jamais philosophe, et ne se charge point des taches de la multitude.

II.

Les avaricieux sont insensés.

III.

Les vraies richesses viennent du ciel. Les choses extérieures n'enrichissent point, mais seulement la bonne disposition d'esprit.

IV.

Confucius vivait de viandes communes et faciles à préparer. Il buvait de l'eau, et, couchant sur la dure, il n'avait point d'autre chevet que son bras placé sous sa tête ; avec cela il avait pour le moins autant de plaisir que ceux qui vivent autrement. La satisfaction du cœur cause un véritable plaisir. Celui qui se fonde sur les choses extérieures, ressemble à une nuée volante qui se dissipe et se détruit d'elle-même.

V.

Si le ciel allongeait mes jours, j'emploierais encore ce temps à chercher la vérité, et à apprendre toujours quelque chose de nouveau.

VI.

Confucius ne parlait que très-rarement de quatre choses : savoir, des choses étrangères, des monstres et des événemens casuels, des prodiges ou choses surnaturelles, et des séditions publiques.

VII.

Celui qui combat ma doctrine parce qu'elle est vraie, combat contre le ciel, disait Confucius.

VIII.

Je n'ai point encore vu la vertu achevée d'un parfait sage. Pour ce qui est de celle qui appartient au philosophe ou à l'amateur de la sagesse, j'espère que je la verrai quelque jour.

IX.

Quelqu'un avertissant Confucius de quelque faute qu'il faisait ; que je suis fortuné, disait-il, j'ai trouvé un homme pour me reprendre!

X.

Les oiseaux chantent tristement lorsqu'ils approchent de la mort ; et les hommes au contraire commencent à bien parler quand ils sont prêts à rendre l'âme.

XI.

Il faut que le philosophe soit d'accord avec lui-même.

XII.

Apprenez toujours ; mais surtout, si vous avez appris quelque chose, tâchez de ne le point oublier.

XIII.

Que cet homme était heureux, disait Confucius, il était content de sa destinée !

I.

Confucius, étant parmi les artisans, dit : Je me ferais volontiers artisan moi-même, et prendrais un art, quoique bas en apparence, sachant bien qu'il n'y a rien de bas en ce qui peut être utile au public.

II.

Il déplorait le luxe, faisant connaître que ceux qui gouvernent doivent avoir grand soin d'empêcher les superfluités des meubles et des habits, ces choses ne servant qu'à rendre les hommes plus sujets et plus indigens.

III.

Quoiqu'un empereur vienne à mourir, une bonne loi ne meurt point avec lui.

IV.

Confucius, indigné de ce qu'on l'appelait savant : Je parais savant à des gens qui ne le sont pas, dit-il.

I.

Le sage ne s'attristera point lui-même, et ne sera point ému par crainte. Il ne craindra point, parce qu'il n'y a rien qui soit capable de lui nuire : et il ne s'attristera point, parce que la tristesse est inutile, ce qui est une fois, ne pouvant pas n'avoir point été ; et parce que tout ce qui arrive venant par la permission du ciel, il n'a pas raison de désapprouver un évènement plutôt qu'un autre, parce qu'il n'en sait pas les suites ; et ne saurait juger par conséquent du bien ni du mal qui en pourrait arriver ; outre que d'ailleurs il doit penser que la Providence céleste en juge mieux que lui, et lui destine toujours ce qui lui convient le mieux.

II.

Amasser des vertus, c'est se fonder sur la sincérité et la fidélité de l'esprit, lequel doit avoir pour but de se porter à la vérité, et de se tourner toujours vers ce qui est conforme à la droite raison.

III.

Il est bon de savoir terminer promptement les

procès, mais il est plus avantageux d'empêcher qu'il n'y en ait.

IV.

Un gouverneur impudent disait : Je ferai mourir tous ceux qui ne suivront pas les lois. Confucius lui répondit : Commence plutôt à te rendre vertueux et à donner bon exemple ; ensuite fais enseigner partout la sagesse et la vertu, et ne pense pas que les vices de l'esprit se guérissent par la mort.

V.

D'être appelé illustre, ce n'est pas l'être pour cela : distinguez entre les discours de la multitude et de la vérité. Celui qui est vraiment illustre ne se soucie de rien moins que de passer pour illustre, et les autres font le contraire.

VI.

Quand on néglige les méchans, et qu'on ne fait point état de ceux qui ont aversion pour la philosophie, on peut faire, si on choisit les philosophes, que les méchans deviennent bons, et soient après cela dignes d'être choisis.

I.

Quelqu'un m'a fait une injure, je ne le mépriserai point pour cela : et si je vois d'ailleurs qu'il soit digne d'être aimé, je ne laisserai pas de l'aimer. Mais si d'autre part il mérite d'être haï, je ne l'aimerai point ; non pas à cause de l'injure qu'il m'a faite, mais parce qu'il est véritablement haïssable ; non pas pour sa propre personne, mais pour le vice qui est en lui.

II.

C'en est fait, disait Confucius, il n'y a personne qui aime la vérité ni la vertu.

III.

Je passerai des jours entiers sans rien apprendre de nouveau par mes méditations : n'importe, il n'y a rien de meilleur que de travailler à s'instruire, et celui-là a toujours profité qui s'est appliqué à chercher la vérité.

IV.

Le sage a plus soin de la nourriture de son esprit que de celle de son corps.

V.

Celui qui est grand parleur est dangereux.

VI.

Vous êtes jeune, fuyez la volupté ; vous êtes à l'âge viril, fuyez les querelles ; vous êtes arrivé à la vieillesse, fuyez l'avarice.

VII.

Vous voyez un sage, regardez en lui ce qui vous manque ; vous voyez un méchant, ne le touchez que comme vous toucheriez de l'eau bouillante.

I.

Celui qui aime la vertu et se plaît à exercer la charité, s'il ne s'applique aussi à chercher la vérité et à apprendre, il tombera dans l'aveuglement, agissant sans choix et sans examen.

Celui qui se plaît à la prudence a la connaissance de la vérité; s'il ne se met point en peine d'apprendre, il tombera dans l'incertitude et dans la perplexité d'esprit.

Celui qui se contente de la simple foi, se conduisant seulement par autorité, s'il ne se met point en peine d'apprendre, il se trouvera souvent dans la nécessité de combattre contre les autres et contre lui-même.

Celui qui aime la candeur et l'honnêteté, s'il ne se met point en peine d'apprendre, il aura de grands chagrins, bien des troubles d'esprit, et trouvera des difficultés qu'il ne pourra surmonter.

Celui qui se plaît à exercer sa constance en supportant de grandes douleurs, s'il ne se met point en peine d'apprendre, se rendra insolent, rebelle, rempli d'imprudence et de folie.

II.

Ceux qui se conservent un dehors spécieux et ne se mettent point en peine de se cultiver au-dedans d'eux-mêmes, sont des larrons qui entrent la nuit par des trous et par des fenêtres.

I.

Le sage exposera sa vie pour le bien public, et pour défendre sa patrie.

II.

Tous ceux qui aiment la vérité et tâchent d'apprendre de jour en jour, reconnaissant ce qui leur manque, songeant à se corriger, en faisant réflexion sur ce qu'ils découvrent de bon et de vrai, doivent être appelés philosophes.

III.

Si les magistrats ont du temps, ils ne sauraient mieux l'employer qu'à apprendre et à philosopher.

Si les personnes privées ont du temps après avoir sérieusement philosophé, elles ne sauraient mieux l'employer qu'aux affaires de la république, et à communiquer les trésors de leur connaissance.

IV.

Si étant magistrat, vous avez découvert des crimes,

ne vous en réjouissez pas comme si vous aviez fait une découverte heureuse. Usez de clémence et de miséricorde, sachant que toute la faute ne vient point des coupables, mais qu'ils ont pour complices l'ignorance, le mauvais exemple, les fausses espérances, ou la crainte de quelques maux qu'ils ne pensaient pas pouvoir éviter autrement.

V.

Chacun peut supporter les calamités de sa destinée, mais personne ne peut se défendre des suites fâcheuses de l'erreur, ni de celles du péché que l'on commet de propos délibéré : les regrets s'ensuivent nécessairement, la conscience étant un juge et un punisseur que l'on ne peut éviter.

Voilà, Monsieur, ce que j'ai cru devoir vous donner de Confucius. J'ai marqué les livres dont j'ai tiré ces maximes. On peut consulter l'original sur les matières que l'on souhaite de voir plus au long et en plus de façons. Je ne doute point que vous ne reconnaissiez combien ces sentimens s'accordent avec le christianisme. On en pourrait trouver de semblables dans les proverbes de Salomon et dans plusieurs autres livres canoniques, aussi bien que chez les académiciens et chez les stoïciens. Au reste, il paraît assez que Confucius avait une grande estime et un grand zèle pour la philosophie. Les premiers pères de l'église l'auraint fort approuvé en cela, et surtout saint Justin martyr, qui dit : *Philosophia est reverà maximum bonum et possessio, et apud Deum venerabilis quæ ducit ad eum, et sistit sola; et sancti beatique illi qui mentem ei donant.* Il dit aussi, *sine philosophiâ nemo rectam rationem intelligit, quare oportet omnem hominem philosophari et hanc præcipuam functionem ducere* (1). D'autre part, on ne doit pas se prévaloir de ce passage de saint Paul aux Colossiens, ch. 2. *Videte ne quis vos seducat per philosophiam* : car il ajoute, *et inanem fallaciam secundùm elementa hujus mundi* (2), pour faire connaître qu'il ne blâme qu'une méchante sorte de philosophie suivant le goût du monde, et fondée sur des chicanes de sophistes, ou sur les erreurs de

(1) *La philosophie est le plus grand bien, la véritable richesse : elle est seule digne de notre amour, seule stable, celle qui conduit à Dieu : saint et heureux celui qui y applique son esprit.*

Sans la philosophie, personne ne comprend la droite raison ; que tout homme s'adonne donc à la philosophie et en fasse sa principale occupation.

(2) *Craignez de vous laisser séduire par une fausse philosophie et par de vains sophismes accommodés aux maximes d ce monde.*

quelques faux savans, qui accommodent leurs maximes aux passions et à l'ambition des hommes. Aussi ce grand Apôtre, en un autre endroit, fait encore connaître qu'il n'en veut qu'aux opinions qui portent faussement le nom de sciences, et ne servent qu'à exciter des divisions sous une fausse apparence de savoir : *Oppositiones falsi nominis scientiæ*. Ad Tim. c. 6. (1) C'est ainsi qu'il exprime cette fausse sorte de philosophie contre laquelle il parle. D'ailleurs on peut s'assurer que ni Confucius, ni Socrate, ni Platon, ni les académiciens n'ont jamais approuvé cette sorte d'étude, pour ne pas dire qu'ils l'ont combattue ouvertement. Mais, de peur qu'il ne semble que je donne une nouvelle interprétation à ce passage de saint Paul, je rapporterai les termes de saint Augustin sur ce sujet. *Et quia ipsum nomen philosophiæ rem magnam totoque animo expetendam significat*, dit ce père, (*si quidem philosophia est amor studiumque sapientiæ*) *cautissime Apostolus ne ab amore sapientiæ deterrere videretur, subjecit :* SECUNDUM ELEMENTA HUJUS MUNDI (2). La plupart de ceux qui entendent parler de la

(1) *Objections décorées d'un faux nom de science.*

(2) *Et comme le nom même de philosophie signifie une chose grande et à la recherche de laquelle nous devons appliquer tout notre esprit (la philosophie est en effet l'amour et l'étude de la*

philosophie, s'imaginent d'abord des raisonnemens sur la physique et des observations curieuses sur les phénomènes de la nature; au lieu que ce n'est pas cela proprement que l'on doit entendre par ce mot, mais c'est l'étude et la recherche des premières vérités qui servent de principes à toutes nos connaissances et nous conduisent dans nos jugemens. Or, on ne doute pas qu'il ne soit de la dernière importance de s'appliquer à reconnaître ces vérités, et à éviter les erreurs dans lesquelles nous pouvons tomber en jugeant des biens et des maux, et en même temps des premiers devoirs des hommes, puisque c'est en cela que consiste véritablement la sagesse.

Je ne vous arrêterai pas davantage sur ce sujet; je me suis un peu expliqué là-dessus dans mon *Apologie des Académiciens*.

Pour ce qui regarde notre philosophe, quoiqu'il n'y ait rien dans ce que j'en ai rapporté qui ne puisse être interprété en bonne part, je donne Confucius tel que je le trouve; et, quoique je l'aie un peu ajusté à la française, je ne pense pas pourtant l'avoir

sagesse). L'Apôtre, pour ne pas détourner de l'amour de la sagesse, a grand soin d'ajouter qu'il entend parler d'une sagesse SELON LES MAXIMES DE CE MONDE.

entièrement déguisé. Il eut été à souhaiter qu'il se fût donné lui-même. Mais il a eu cela de commun avec la plupart des grands hommes, qu'il n'a presque rien écrit de son chef ; de sorte que nous n'avons sa doctrine que sur le rapport de ses disciples. Cependant nous sommes redevables à tous ceux qui nous ont conservé les restes précieux de ce savant Chinois. On assure qu'il a eu trois mille disciples, entre lesquels il en avait choisi soixante-douze, et entre ceux-là dix. On lui attribue quelques histoires et quelques mémoires sur les devoirs des princes, et sur les odes et les enseignemens des anciens empereurs de la Chine.

Cependant il faut remarquer que la médiocrité dont parle notre philosophe, regarde l'usage des choses extérieures ; et cela se réduit à la maxime des Grecs, *ne quid nimis* Rien de trop. On ne doit point être prodigue ni avaricieux ; on ne doit point manger trop ni trop peu ; on ne doit point être trop mal habillé ni trop somptueusement, ni se charger de superfluités ; mais, à l'égard de la perfection intérieure de l'esprit, il n'y a point de médiocrité à observer ; car on ne saurait trop se conformer à la droite raison. Il ne faut pas appréhender de se rendre l'esprit trop juste, ni de trop s'éloigner de l'erreur, des troubles et des préjugés ; on ne saurait être trop équitable, etc. Aussi, quand Aristote parle des choses qui concernent la prudence, il dit : *Ut vir prudens definierit* (1). Pour faire comprendre que l'on ne peut donner en cela de règle fixe, à cause que la conduite de ces actions et la mesure qu'on y doit prendre dépendent des circonstances ; au lieu que la fin à laquelle on doit tendre doit toujours être fixe ; et l'on ne peut trop s'en approcher. Voilà le fondement de la morale de Confucius ; et c'est pour cela que le Saint, suivant lui, ne saurait être conforme à l'idée que le ciel a formée du Saint et du Parfait, étant capable d'une perfection infinie, et ne pouvant être achevée qu'il n'ait atteint à la nature divine : *Divinæ consors naturæ* (2).

On pourrait peut-être encore regarder Confucius comme une espèce de prophète, qui a prédit la venue du Messie : car il disait que le Saint envoyé du ciel, viendrait dans l'Occident ; et il se trouve que la Judée est occidentale à l'égard de la Chine. Le Saint saura toutes choses, et il aura tout pouvoir

(1) *Comme l'homme prudent en eut agi.*
(2) *Semblable à la nature divine.*

dans la ciel et sur la terre. Cela convient à Jésus-Christ, à qui on disait : *Nunc scimus quia scis omnia, et non opus habes ut aliquis te interroget, in hoc scimus quia à Deo existis* (1). Vous n'avez pas besoin que l'on vous apprenne aucune chose en vous interrogeant. Cette façon de parler témoigne que la manière d'enseigner de Platon était en usage de ce temps-là. Vous savez que ce philosophe obligeait ainsi à méditer et à s'instruire soi-même en consultant les idées de la vérité, dont il prétendait que tous les hommes étaient pourvus. Voilà donc la première partie de notre prophétie vérifiée. Pour ce qui est de la seconde, il ne faut qu'entendre dire à Jésus-Christ : *Data est mihi omnis potestas in cœlo et in terrâ : ite, docete omnes gentes, etc.*

Quoiqu'il en soit, vous ne vous étonnerez pas que des Gentils aient pensé au Messie, parce qu'enfin ils

(1) *Nous voyons maintenant que vous savez toutes choses, et qu'il n'est pas besoin que personne vous interroge ; en cela nous savons que vous êtes sorti de Dieu.*

(2) *Tout pouvoir m'a été donné dans le Ciel et sur la Terre : allez, enseignez toutes les nations, etc.*

l'ont tous souhaité : *Desideratus cunctis gentibus*.(1) C'est ce que je prouverais plus amplement, si j'écrivais un livre, et non pas une simple lettre.

De Paris, *le* 23 *janvier* 1688. *S. F.* ***.

FIN.

(1) *Le désiré de toutes les nations.*

Fontenay, Imprimerie de GAUDIN FILS.

www.ingramcontent.com/pod-product-compliance
Lightning Source LLC
LaVergne TN
LVHW010606110826
845149LV00003B/790

* 9 7 8 2 0 1 2 1 5 7 5 1 4 *